ULTIMATE
GRAB A PENCIL®
Pocket
SUDOKU

ULTIMATE
GRAB A PENCIL®
Pocket
SUDOKU

RICHARD MANCHESTER

BRISTOL
PARK
BOOKS

Visit www.pennydellpuzzles.com for more great puzzles

First Bristol Park Books edition published in 2016

Bristol Park Books
252 W. 38th Street
NYC, NY 10018

Bristol Park Books is a registered trademark of Bristol Park
Books, Inc.

Published by arrangement with Penny Publications LLC

ISBN: 978-0-88486-614-5

Printed in the United States of America

PUZZLES

SOLVING DIRECTIONS

To solve, place a number into each box so that each row across, each column down, and each small 9-box square within the larger diagram (there are 9 of these) will contain every number from 1 through 9. In other words, no number may appear more than once in any row, column, or smaller 9-box square. Working with the numbers already given as a guide, complete each diagram with the missing numbers that will lead to the correct solution.

GETTING STARTED

Look at the ninth column of the example puzzle below. There are clues in the puzzle that will tell you where, in this column, the number 3 belongs.

The first clue lies in the eighth column of the diagram. There is a 3 in the fifth box. Since numbers can't be repeated in any 3 x 3 grid, we can't put a 3 in the fourth, fifth, or sixth boxes of the ninth column.

We can also eliminate the bottom three boxes of the ninth column because there's a 3 in that 3 x 3 grid as well. Therefore, the 3 must go in the second or third box of the ninth column.

The final clue lies in the second row of the diagram, which already has a 3 in it. Since numbers can't be repeated within a row, there's only one box left for the 3 — the third box of the ninth column.

Continue in this manner, using the same type of logic and elimination, until the puzzle grid is completely filled in.

EXAMPLE

		7	9					1
	2	3	8			6	7	
		6		2	7			
	7	8		5				
	5		2		6		3	
				1		9	5	
			6	3		8		
	8	4			9	2	1	
2					1	3		

EXAMPLE SOLUTION

8	4	7	9	6	3	5	2	1
1	2	3	8	4	5	6	7	9
5	9	6	1	2	7	4	8	3
9	7	8	3	5	4	1	6	2
4	5	1	2	9	6	7	3	8
6	3	2	7	1	8	9	5	4
7	1	9	6	3	2	8	4	5
3	8	4	5	7	9	2	1	6
2	6	5	4	8	1	3	9	7

EASY

1

1			7	9		4	3	
2		7	1				8	
4		8						5
7	2	3	4	8				
	4						1	
				3	9	7	2	4
9						2		1
	1				7	8		3
	8	6		1	5			7

2

	7			9		4	5	6
		8	6	7		1		
2			3					9
		7	4			3	1	
			5	2	7			
	8	5			1	7		
7					8			3
		2		4	9	5		
1	4	6		5			8	

EASY

3

		9		2	4	7	1	
			6					2
6					8	5		3
5				3		2	9	1
	1		5		9		6	
7	9	6		4				8
9		1	8					4
2					7			
	3	5	1	6		8		

4

	5	2			9			
		8	2				7	
9		7	8		5		1	
	3	5		1		9		2
	2		3		4		6	
1		6		5		3	8	
	9		7		8	4		3
	8				3	7		
			4			8	9	

5

7								4
	9			2	7		8	6
1	2		8	6			5	
					8	3	1	9
			2	7	1			
6	4	1	9					
	5			8	6		3	2
2	8		7	3			9	
4								7

6

7				1	4			5
	8	5			9	6		
	9	1					3	
	6				2	4		1
		3	1	7	5	9		
2		9	8				5	
	2					3	7	
		8	9			5	4	
3			7	6				9

7

8		5						3
1	4			8	6	5		
		7			1	6		
4	8	6	9		7			
9				2				4
			6		4	7	8	9
		3	7			8		
		8	1	5			9	6
5						1		7

8

	6			7	3			8
2					1		7	4
7	8	9			5	3		
5	7		3	4				
		1				2		
				1	9		8	5
		2	1			8	6	3
8	9		6					1
3			5	2			4	

9

5			6		7			
	6	9	1		3		5	
		4				1	6	9
7	1					8		
	8		9	1	6		3	
		6					2	1
1	3	2				4		
	9		5		1	6	7	
			8		4			2

10

EASY

3	4	7			2			
			8	9				4
	5	9			7	1	2	
4		8		7		3		
	2			6			4	
		3		1		2		9
	1	2	9			6	3	
5				3	1			
			5			8	1	7

EASY

11

3				9				2
7	8	6					9	5
	2		6	1				
	1	7			4		3	
		5	9	7	6	8		
	6		5			7	2	
				5	7		6	
5	4					9	7	8
6				2				1

12

EASY

2	4		9					
		8				9	1	
3				5	1			4
	2		6		4		3	1
	3						7	
4	9		7		3		8	
6			2	4				5
	8	2				1		
					5		6	3

EASY

13

			2		7		6	
	6	9				4		8
2				8	6	7		1
3	9	6			4			
	5		3		9		4	
			8			1	9	3
8		7	6	9				4
6		5				9	3	
	4		1		2			

14

		9	4					2
8			9	1			4	
	4					6	7	9
	7		2		5		6	3
4				7				8
2	6		1		9		5	
5	9	7					3	
	8			5	1			7
1					2	5		

EASY

15

8							6	
1		4	7		6		5	
	6		3	1			8	7
7	1		8			5		
		2	4		7	3		
		5			3		2	8
5	7			4	2		3	
	2		5		8	6		4
	9							5

16

EASY

6	3				7	5		
4					2	7		
			3	9			6	
		9	6			3	2	7
	6		7		1		8	
5	7	3			9	6		
	1			7	4			
		2	1					9
		7	8				1	6

EASY

17

	2		4			6	7	
							3	8
7		9	6	3			5	
		6		8	9	5	4	
		3		7		9		
	9	4	5	2		3		
	3			6	7	8		4
8	1							
	6	2			1		9	

18

EASY

6	3				1		8	
1		5			9	3		6
		2	4					
	7		8	2			3	
2		4		3		8		9
	6			1	5		2	
					2	7		
5		7	3			9		2
	2		6				5	8

EASY

19

					4	9		1
	9	2		6	3		5	
		8	5			6	3	
5			2	7			1	
3		7				2		8
	2			4	8			5
	5	3			7	1		
	1		8	5		4	7	
4		9	6					

20

EASY

		9		7			8	
	1			4	8		5	
3			5		1	9		
8		4			2		3	
1				6				2
	5		3			8		4
		7	2		5			9
	6		1	9			4	
	3			8		7		

EASY

21

			4			3		5
9					5	6	8	
2	1			6				
5				1	6	8	2	
		4		5		9		
	2	9	7	8				3
				9			3	8
	7	1	2					9
8		6			7			

22

EASY

			4		8	2		
	4				1		3	
5				7	6		9	8
7	8			6		5		9
1			5		2			3
3		5		8			6	4
4	3		6	1				2
	5		2				8	
		6	8		5			

23

		9	6			1	3	2
	2			1				
6	1			2			5	7
8			4		3	6	2	
				9				
	5	4	2		7			8
5	4			3			8	9
				7			4	
7	8	6			2	5		

24

EASY

1	4							9
2	3			6	9			
		7	2	5	1			6
	8	4	7					
5		2		9		4		7
					8	2	6	
3			6	8	2	1		
			9	7			5	2
7							9	3

EASY

25

6	4	2		3			7	
		5	7		2			
	7		1	6			5	2
		1				8		
8			5	1	9			3
		7				9		
3	5			7	1		8	
			2		4	3		
	6			9		5	1	7

26

6		9	8				3	4
		1	4		6			7
	3	5		7				
		3	9	6				8
	2	7				4	6	
1				4	3	5		
				5		3	4	
3			2		4	8		
7	5				1	6		2

EASY

27

1		4	7			8		
	2				9	1	5	
	8		3	1			2	
2			5	9			4	
4		7				5		6
	3			4	6			2
	7			2	3		9	
	1	2	9				6	
		5			8	2		3

28

EASY

1	2		9				3	
				2		1	7	9
	4			6	3	5		
8			4			7	2	
5				3				1
	3	4			2			6
		7	3	4			1	
2	9	8		7				
	1				8		6	7

29

		1	9	6	4		8	
		7					4	5
		4	5			6		
	1	2	3					6
9			4	1	7			2
4					9	8	1	
		9			6	2		
8	7					5		
	5		8	4	3	9		

30

EASY

				8	6		2	
		7			1	9	6	
	5	2			4	1		3
9			6				4	
3	7			2			1	6
	1				5			9
2		9	4			8	5	
	3	8	1			4		
	4		9	5				

EASY

31

				3		8		
		5	7		9		1	
9					8	4	3	7
		1				5	2	4
	2		9	1	4		8	
4	6	8				7		
7	5	3	1					8
	4		5		7	3		
		2		9				

32

		5	6			7	4	
	7		3		5			
3	8	6		2				1
			8		4		2	9
8		4				6		7
5	3		7		6			
6				7		1	9	5
			5		1		6	
	5	3			8	4		

33

			7	8				
		8			9		5	4
	9	2	5			7		8
8				1	3	5	9	
1				9				7
	4	6	8	5				1
7		4			5	2	1	
2	1		3			6		
				2	4			

34

7		2	9				6	
		6	1		4	3	9	
3	9							5
9				1			4	
		8	6		7	5		
	4			2				7
2							8	1
	5	9	2		1	7		
	6				3	2		4

EASY

35

		7	9	6			5	
6			2	8	4			
		8				3		6
	5		8			1		3
7			6	3	5			2
3		6			2		9	
2		3				9		
			4	2	6			1
	1			7	9	6		

36

EASY

		8			3	7		
	2	1					5	
9			5	8			1	2
	5	2		9	8			1
6				3				9
4			6	1		5	3	
2	3			4	1			6
	9					1	2	
		6	2			3		

EASY

37

		1		8	3	5		
		9						4
	6		7	9	4	2		
	7		1			4	2	6
1			4		8			3
6	4	3			7		8	
		4	8	7	9		6	
8						9		
		7	3	5		8		

38

EASY

			2		7		4	
3	2						6	
6				1	9	2		5
		7	9	5		8	1	
5								7
	1	6		3	8	4		
7		9	4	8				6
	6						3	8
	3		6		2			

EASY

39

9	5	7	8					4
1						3	5	
					2		6	
4	8		2	1			9	
5				4				2
	1			8	9		3	5
	7		9					
	4	1						9
2					3	5	7	1

40

3			9					7
7	5		2				9	
4		9		6	7			
	2	5		1	6	3		
	3			2			8	
		4	7	3		2	6	
			4	5		1		9
	4				3		2	8
8					2			6

EASY

41

	2		4		9	6		7
		5		6				
6		4	7			5	3	
7				8		2		4
			6	1	7			
5		8		9				1
	6	7			8	9		3
				3		4		
1		3	9		6		2	

42

EASY

					9	7	1	2
	2		6				4	
		5		4		9		
	5			1	8	3		9
3				5				6
7		1	3	2			8	
		6		3		8		
	1				5		3	
8	3	9	7					

EASY

43

8		6	2					
		9			7	3	8	2
				5		7		1
4	2			7	5		9	
6				8				7
	5		1	3			2	8
2		5		4				
1	9	3	5			4		
					6	2		5

44

EASY

5			3				6	
6		4		9	5		7	
1				7		3	9	
	2		7		8	6		
	6			4			3	
		5	2		3		4	
	4	1		8				3
	9		4	2		1		6
	5				9			4

EASY

45

4			9	3	1			
1		9		6				7
	5				4			2
		7	8			9	5	
		3	5	2	9	6		
	9	4			6	8		
2			6				8	
7				9		2		5
			4	5	2			6

46

EASY

		7		2		4		
	4	6			3		7	8
1			5			9	2	
	9		3					
5			8	4	2			7
					6		4	
	7	5			9			1
4	2		1			8	5	
		9		3		7		

47

				8			4	
	8	2			1		6	
7			4		3		1	5
5			8		2			1
3				4				2
9			3		6			4
8	9		7		5			6
	5		1			7	9	
	1			9				

48

	2		1					6
	7		6		4		3	
1				5	3	9	8	
		2		9	7			3
	3						6	
5			3	4		8		
	1	3	4	6				5
	6		7		5		2	
8					2		1	

EASY

49

9					2			
	4	1	6			2		8
		7	8	5		3		9
1					4		8	
	7		1	3	6		9	
	6		5					1
3		6		4	8	9		
8		2			9	7	6	
			2					3

50

EASY

8	2	6						
			8	4		2	7	
				2	5	9	1	
6			5			4	3	
		1	9	6	4	5		
	5	9			2			1
	4	8	3	9				
	6	7		5	1			
						7	9	5

EASY

51

	7		9	8		6	3	
					7	8		
4	8	2			6			1
7					4	3		8
1			7		8			6
3		8	2					9
9			6			2	8	5
		5	8					
	4	3		2	5		6	

52

	9			5				7
	5		1			9	4	2
1			6		2			
6	3	5			1	7		
		8	7		9	3		
		9	4			8	2	6
			5		6			8
5	6	7			8		1	
2				4			3	

EASY

53

	6				5	2	4	7
8	2				7			5
7				1		8		
	4	5	9	3			1	
				2				
	7			8	1	3	2	
		3		7				2
4			3				9	1
5	9	2	1				7	

54

EASY

2	5		8				9	1
1					6		7	
		7	2	1		6		
3	8			7		4		
		4	9		8	7		
		9		3			1	5
		1		2	3	9		
	2		7					3
9	4				1		2	7

EASY

55

			4			8	3	
9		3		7	6		2	
8	2		3		5			
				5	3			7
	5	9		8		3	6	
6			1	4				
			5		8		9	2
	9		2	1		6		5
	4	2			7			

56

EASY

	5	4		7	2		6	
		6		8			1	
	3				5			8
	7		6			3		
6			7	5	4			9
		1			8		7	
4			5				3	
	2			9		4		
	1		8	4		7	9	

EASY

57

1	6			4		9	3	
7					8			
	8	9			5			2
		2	6		4		8	
	1	8		2		6	4	
	3		7		9	5		
8			9			2	6	
			4					3
	9	6		5			7	4

58

	2		7			9		
8	6					1		
	7		5	9	6	8		
9	3	6	4			7		
			6	5	3			
		2			8	6	3	1
		8	2	4	5		1	
		4					2	9
		3			9		7	

59

8								
7		2		5	6		3	
		6	4		8	9		2
			3		4	5	7	9
		3		2		4		
5	6	4	7		9			
1		8	6		5	2		
	9		8	3		6		5
								4

60

EASY

1	3			6	2			
	2					1	6	4
6			9		8	5		
	6	8		2	9			
2		3				8		1
			5	8		6	7	
		6	7		1			8
4	8	1					3	
			8	3			1	9

EASY

61

7			4				8	6
9	1	4			7			
				2	1	4	9	
3				1		2	7	
		1	2		3	8		
	5	9		8				4
	2	6	5	3				
			6			9	5	8
5	9				8			3

62

7	9		6				8	
5		1	7			3		
			4	2		1	9	
	5		8	6				3
1		4				6		9
6				9	1		4	
	2	3		5	6			
		5			2	9		1
	1				8		3	2

63

		9	5			3		7
	5		4	6		9		
2		4	9					1
	4			9	6		8	
7	8						1	9
	2		7	8			5	
3					9	4		6
		8		5	7		3	
6		2			4	8		

64

	7		5			2		6
9		1			3	5		
	5		9	7				1
8					9	4	2	
	4			6			1	
	1	7	3					9
1				3	8		6	
		8	2			9		3
3		4			6		5	

EASY

65

		9		8		4	2	
5				4	7	3		
8	2				3		5	
	8		4			9		3
4			8		6			2
2		5			9		7	
	3		7				4	5
		7	3	1				9
	4	8		2		6		

66

MEDIUM

		2	3		9			4
		6				8	7	9
9	1		7		8			
	6			7		3		5
	8			5			4	
1		9		3			2	
			6		7		8	2
4	9	7				6		
6			5		4	9		

MEDIUM

67

	8	6		9				1
2			1		3			9
	9		6				2	3
		3	4			6	5	
		7		5		9		
	2	8			9	7		
1	3				4		9	
4			5		2			7
8				3		1	4	

68

MEDIUM

9			1		7		6	
	6	4	2					5
		8		6		4		1
	7			9		1	4	
2			5		4			7
	1	3		2			9	
5		1		7		2		
8					2	3	1	
	2		4		1			9

MEDIUM

69

	1	6		7				8
3					2	5	9	
5			9		3			7
	5		3	8		1		
	7	1				3	8	
		3		4	5		2	
7			6		9			1
	9	2	7					3
6				3		9	7	

70

MEDIUM

5		4		9			1	
		7		1	6		9	
1					8	7	4	
2			6		7		8	
6		8				4		3
	4		8		3			6
	8	6	9					4
	1		2	6		8		
	7			8		1		9

MEDIUM

71

	1	6			8			
3			2	7		4		
	2		5				1	7
	7			2		5		6
		3	4		9	7		
4		2		8			9	
5	9				4		3	
		8		1	2			4
			3			6	7	

72 MEDIUM

		1		5	3		9	
			6			2	5	
9		4		7				3
	9	5	2		8			
8	4						2	9
			5		9	8	7	
1				2		4		5
	6	2			4			
	8		9	3		6		

MEDIUM

73

9			8	6			2	
3					1	5	6	
	6	4	3					8
				7		2	1	9
		6	9		2	8		
2	9	8		3				
6					3	9	4	
	3	7	5					2
	1			4	6			5

74

MEDIUM

			3		8		4	9
8	1			6		5		
3	2				5	1		
			5	7		3	9	
9		7				4		8
	5	1		3	9			
		3	1				2	7
		6		5			3	4
7	8		4		3			

MEDIUM

75

7	8		6	1				
		5			2		4	1
9					3	7		8
	5				4	3	8	
		3		6		2		
	2	8	3				1	
5		9	1					7
2	7		9			8		
				7	5		9	2

76

MEDIUM

	7				4	5		2
		9			7		4	8
3		5	2	6				
			4			7	6	5
	3			5			8	
4	5	1			6			
				8	1	2		3
1	8		3			4		
9		3	6				1	

77

1	6	9				2		
	5		3				8	6
			6	5	2			1
	1	3		9	4			
4		7				5		8
			2	7		3	1	
2			4	3	6			
8	3				1		4	
		4				1	2	3

78

MEDIUM

	6	4	9					3
		1	5	7			6	
7					4		8	1
4	2	6			9			
		5		3		2		
			4			1	9	6
3	1		6					9
	7			9	5	8		
5					8	6	1	

MEDIUM

79

3		4		7			2	
8	6				5		9	
			1		8	6		3
	9	7			3	5		
1				9				4
		3	7			2	6	
7		9	8		4			
	5		2				7	1
	3			5		9		2

80

MEDIUM

			6	3		8	1	
8	1	7						6
4				5	1			
7	5				2		9	
		2	3		6	1		
	3		5				7	2
			2	9				1
6						4	5	3
	7	1		6	3			

MEDIUM

81

3					9		2	
		7		3	5			9
	5	2				6		4
		4	1				8	2
	2			7			6	
5	8				2	7		
8		1				4	9	
4			3	1		2		
	3		4					6

82

	7		4	6			5	
	2				3	8		6
6		3	9					4
					9	4	2	5
		2		8		6		
9	1	5	6					
5					1	3		9
8		1	7				4	
	9			3	5		6	

83

7			5		8			3
3	5					1	6	
		4	3	6		7		
	7			8	5	3		
2	3						7	4
		8	2	3			5	
		7		1	3	5		
	6	3					9	1
8			6		2			7

84

MEDIUM

7	6			9		1		
	2	8	1				9	
			5		7		6	2
		1		4	8			3
6		2				8		7
3			2	7		6		
8	4		7		6			
	3				4	2	7	
		7		3			5	6

MEDIUM

85

	3			4		8		2
	5		1		8		6	
8		9			7			4
9	1	5			3			
		6		7		1		
			9			4	3	5
7			3			2		8
	8		7		1		9	
6		3		9			7	

86

MEDIUM

	4	8	1	6				
		7	4				5	3
		9		7			8	6
5	7	6			4			
8			7		6			1
			5			8	6	7
2	8			5		9		
9	1				3	6		
				8	1	3	2	

MEDIUM

87

3	6		5					
				3		4	6	2
		4		9	1	8		
7					2	3	4	
9			8		6			5
	5	2	3					6
		9	1	6		2		
5	3	7		8				
					3		9	8

88

MEDIUM

		2	7	3		6		
1	3				5	7		
5					1		8	4
	6		5			4	9	
4				8				2
	1	7			9		3	
7	5		8					3
		1	9				6	5
		9		5	3	2		

MEDIUM

89

2	3			9		5		
		6			4			3
	4				5	2		6
7	9				1	8		
	6			8			3	
		5	3				7	1
5		4	7				9	
6			8			7		
		8		4			6	5

90

MEDIUM

1	4			3			2	
		8	1		7	5		
7			2				1	8
		7	5			6	9	
8				6				5
	3	5			9	7		
4	8				2			9
		2	9		8	4		
	6			7			5	2

91

2	4			7				5
		6	8			4		9
	9		3		4		6	
	6	9				3		2
			1	3	7			
7		5				8	4	
	1		6		8		2	
6		4			1	7		
9				4			1	8

92

MEDIUM

	2	7			6		4	
3			1			8		2
		1		2	4			9
2		3			9		5	
	4			7			6	
	7		5			2		8
1			6	3		4		
7		2			8			6
	3		9			1	8	

MEDIUM

93

7			8		9		2	
		3			2	6	1	
	5	2		1				3
3	8		1			2		
6				5				1
		5			6		9	4
9				2		7	6	
	4	8	7			5		
	6		3		8			2

94

MEDIUM

3			5		4	7		
	5	1					8	6
	2			3	6			4
		7	2				6	5
		6		7		1		
5	4				1	9		
6			1	4			9	
1	7					8	5	
		2	3		7			1

MEDIUM

95

9	6						8	2
		2	8	6		4		
		4	2		5		9	
3		7			4		2	
2				9				3
	5		3			1		4
	9		5		2	6		
		6		3	1	2		
8	2						5	1

96

MEDIUM

	6	7			2			4
				6	1		3	
4		8			7	2		
7	9			4				1
	4		1		8		2	
2				3			6	5
		6	8			5		3
	7		9	1				
8			6			1	9	

97

	9	7					8	
	8			5		3		1
1			3	9		4		
4					2	1		5
	5		4		1		3	
7		6	5					2
		1		4	7			3
9		3		6			1	
	7					2	6	

98

MEDIUM

				2	9	7		5
4	5				1			3
7	9		4			1		
	8	9	6			5		
	2			7			9	
		6			8	4	1	
		5			7		6	4
2			5				7	1
6		7	8	3				

MEDIUM

99

	7			3		2	9	
		6	4	7				3
	8	1	9					7
2	1	8	6					
5			3		8			4
					9	8	7	2
7					6	3	4	
1				8	4	7		
	6	4		9			2	

100

MEDIUM

1	5				9	7		
	9			2			8	1
7			3	6		4		
3	6	7	4					
		9	6		3	5		
					2	6	4	3
		1		7	4			6
9	7			3			5	
		2	1				3	7

MEDIUM

101

		5	8		9	7		
1	4			6		3		
8					7		6	
		1	4				9	6
2				3				1
9	8				6	5		
	6		7					8
		8		2			5	3
		9	5		3	6		

102

	9			6		2	7	
7		6			8		9	
				9	7			1
		3	4				2	6
		2	8		6	9		
9	6				1	5		
1			6	8				
	3		9			8		4
	5	8		3			1	

MEDIUM

103

	9		6		3	7		
3	5		7					1
7					8	2	9	
	1			7		9		4
		9		3		6		
6		3		1			7	
	6	8	3					7
5					1		2	6
		4	5		7		8	

104

MEDIUM

1				4	8	2		
	7		1		3		9	
3		9				1	4	
8				1	2			7
	9	5				8	1	
7			8	9				2
	1	8				4		5
	2		4		5		8	
		4	6	8				9

105

	6				2	3		1
3		7	8	1				
	5				6		2	7
2	9	8				7		
			9	2	1			
		3				5	9	2
5	4		3				8	
				5	9	2		3
9		1	2				7	

106

			4	5		1		
2		8			9			6
4	3		6				9	
8		2		4			7	
		5	9		6	3		
	6			2		4		8
	8				4		3	1
1			5			8		7
		6		1	7			

MEDIUM

107

2						4		1
5	7		6					
		9	7		8	6		
	8				4	7	6	
4				7				5
	3	7	9				2	
		6	8		9	2		
					1		4	7
8		1						6

108

MEDIUM

		7	4			8		1
	4	8	1					5
	5			6				7
9	6		7			1		
	8			1			7	
		1			9		8	6
4				8			2	
8					7	3	6	
2		3			6	7		

MEDIUM

109

	5		7	3				
		3			6	7		1
	2	7			9			
	7	2		8			9	
1			3		7			8
	3			6		2	1	
			1			3	4	
2		6	5			8		
				7	8		2	

110

MEDIUM

			8			5	3	
1		6	5	7				
	8		4				1	7
4		1	9			8		
	2			5			7	
		8			2	9		3
8	7				6		5	
				8	5	3		9
	3	9			4			

MEDIUM

111

1		6	3		9			
9			1			3	5	
7				6		1	8	
	9		7			2	1	
5				9				4
	8	7			1		6	
	6	5		7				1
	2	1			4			7
			2		6	5		8

112

MEDIUM

				9	4			1
4	3	2					9	
7			2		6	8		
	2				9	6	7	
9				7				3
	7	5	8				1	
		4	3		8			7
	5					4	6	8
8			4	2				

MEDIUM

113

		2		1	8	4		
3			9				8	1
1		9			6		5	
8	1		5				2	
		7		4		5		
	3				9		7	4
	2		6			8		7
6	9				5			2
		3	8	2		9		

114

MEDIUM

	3				1			6
		6	3	9	2			
	1	9				7		2
9	8			4	5			
	2	5				1	9	
			6	1			2	8
5		4				3	6	
			7	6	3	2		
2			9				1	

115

	5	4				1		3
3	8		4		5			
			1	3		5		8
	4		8			9	5	
9				4				2
	2	8			1		7	
7		2		5	4			
			2		6		3	9
4		3				7	2	

116

8					7	6		5
		5	6	9			7	
4			3			1		
	7			3		5	9	
5			2		6			7
	8	1		7			2	
		3			4			2
	2			6	3	9		
6		4	7					3

MEDIUM

117

		7		1	8		2	
9	1				2	7		
2				6			3	4
					7	5	4	6
		2	4		5	8		
5	7	4	8					
7	3			8				2
		8	2				6	1
	2		9	5		3		

118

MEDIUM

5					1	6	3	
	4	1	2					8
	2		3	9				4
8		3		1			2	
		5	6		7	8		
	6			3		1		7
2				6	3		7	
7					5	2	6	
	5	6	7					1

MEDIUM

119

7			6	4				1
	1	3	8				7	
6				7		2	4	
		8	5			4	6	
3			4		8			2
	4	5			2	8		
	3	7		8				4
	9				7	6	3	
8				5	4			7

120

MEDIUM

		8					4	2
4			2	5	8			
	9				4	8		5
5	4		7	8				
	1	6				7	3	
				1	3		8	6
9		7	3				5	
			5	7	2			1
1	3					6		

121

7		1					4	2
6			1	5		9		
	5		7		2		1	
		5			8			3
	1			7			9	
9			3			6		
	2		9		5		6	
		6		8	7			1
5	4					7		9

122

MEDIUM

		9		4	7	2		
8	2		5				4	
	4				6	9		8
5		1	3					7
	8			6			9	
4					8	6		5
3		8	6				1	
	5				1		6	2
		2	9	5		8		

MEDIUM

123

8		3		5			7	
4				8	7		3	
		6	9			8		2
	3		7				2	6
		2	6		3	1		
1	6				8		9	
3		4			1	2		
	7		8	6				5
	5			4		7		8

124

MEDIUM

1			9			7		
	9		2		7	6		
7	3					9	2	
2				5		3		4
	8		7		2		9	
9		7		3				6
	4	9					5	2
		5	3		4		6	
		1			8			7

MEDIUM

125

	4			5		2		8
3		2		4	8			
5			2				7	4
	5	3	4			8		
	2		9		5		6	
		6			1	4	2	
8	1				7			2
			8	6		3		9
6		4		9			8	

126

MEDIUM

			9	5	2		4	
7						8		
9		5		4				6
		2	5		3		9	
6	3						1	5
	5		6		8	2		
2				6		5		3
		6						1
	8		3	9	1			

MEDIUM

127

1				8	9	4		
	6	4			7	9		
2					4		3	5
	3		1	7		6		
6	1						7	9
		2		6	3		5	
4	2		7					3
		6	4			7	9	
		7	8	3				6

128

MEDIUM

	2	9		8				3
	7			2	3			8
	5				9	4		2
6			7			1	9	
		5	2		6	3		
	4	3			8			5
8		4	9				3	
2			8	6			7	
5				1		8	4	

MEDIUM

129

4	2			8				5
		6	1			4		3
	8		5		3		2	
	7	8				6		4
			8	3	5			
1		9				8	5	
	9		2		8		4	
8		7			4	2		
3				6			1	8

130

MEDIUM

		4			6	5	3	
8				1	5	9		
	9		4					1
7		8		6	1			
9	3						6	8
			5	3		7		9
2					4		7	
		7	3	2				6
	8	6	1			2		

MEDIUM

131

3			2	6		8		
7				5		2		1
	5	4	8					
	7		3		2		9	
		3				7		
	8		5		4		1	
					3	1	7	
4		1		8				9
		7		2	5			4

132

MEDIUM

6			1			7		
			4		2		6	3
	2	3		5		8		
8	1			4				2
	9		6		7		5	
4				1			8	9
		4		2		1	3	
1	7		3		4			
		8			1			6

133

	7		9	4				8
9		1			2			3
		3	7			9	5	
	1		3	8			9	
3		8				1		7
	5			9	1		8	
	2	4			8	6		
7			1			8		5
8				7	9		3	

134

MEDIUM

			6		8		7	5
6		5		1			2	
2		7			5	1		
			2			8	1	9
	3			5			4	
1	7	2			9			
		8	9			4		7
	4			3		5		6
9	6		5		7			

MEDIUM

135

		5			1		8	
6			4	9		7		
1	2		8				6	
		6	9			3	5	
3				6				2
	4	1			8	6		
	1				5		9	6
		8		4	9			7
	3		7			5		

136

MEDIUM

	8	5			9	4		
				6			1	2
	6		4		5			7
6				4				9
	7		8		3		5	
2				9				4
5			6		4		7	
7	3			5				
		4	1			2	6	

MEDIUM

137

	6	7			5			1
				6	8		7	
4		8			2	9		
2	4			5				9
	5		2		9		3	
7				1			5	8
		4	6			1		2
	7		9	4				
6			5			3	4	

138

5			7	3		9		
3	1		2			5		
	8				1	4		2
4		6		1			2	
	9		4		7		5	
	7			5		1		3
8		7	1				9	
		5			9		7	1
		1		7	5			4

MEDIUM

139

2			3	1			8	
		9			4		1	3
4		3			6			2
	9				8	1	7	
		5		7		9		
	8	1	6				4	
9			5			8		7
5	2		8			3		
	3			6	7			4

140

4		8		7			1	
	1		9	8			7	
7					5	2	3	
			1		8	9		
2		9				3		1
		1	6		9			
	8	7	5					3
	5			9	7		6	
	2			6		8		7

MEDIUM

141

	3	2	6	1				
			4				6	9
9	6				8		3	
7		3		2		6		
6			3		4			1
		4		6		5		3
	2		9				1	5
1	5				6			
				5	3	9	2	

142

MEDIUM

6	8			1				9
					9	2		6
		5	7	6			1	
			9		1		2	8
	5	1				6	7	
8	7		3		6			
	6			9	2	8		
5		9	4					
1				3			4	7

MEDIUM

143

5	9				7	3		
1			3	5			2	
		3		8				6
	2	1			4	5		
	7		1		6		4	
		4	7			8	1	
2				4		1		
	1			7	8			2
		7	6				9	5

144

MEDIUM

6			9	4		5		
5				8			2	
7	8					9	3	
		5	7				9	1
			1		6			
9	1				4	7		
	3	6					5	2
	9			1				8
		7		2	3			9

MEDIUM

145

7				9	2			4
	6		5	8				
	9					5	3	2
	8	7			3	6		
1			8		5			3
		2	9			1	4	
6	1	5					8	
				1	8		5	
4			2	5				1

146

MEDIUM

6			5			8	4	
		9		7	8	2		
1	5		3				9	
7					4		6	
5				1				2
	3		9					8
	1				3		5	4
		3	4	2		7		
	7	5			9			6

MEDIUM

147

6				7		3		4
2	9				6		5	
	7		2			9		
	3	2		9		8		
			6		8			
		6		3		1	4	
		4			3		7	
	6		5				9	3
3		7		8				5

148

MEDIUM

		3	1		4			2
	8					4	3	
	4		9	3				7
4		6		9			1	
		2	8		6	7		
	9			2		3		4
9				1	5		4	
	5	8					2	
1			6		2	5		

MEDIUM

149

8		9		6			1	
	1				2			6
		6	9	5		4		
			6		3		4	2
	3	7				1	6	
6	4		1		9			
		8		1	7	3		
5			3				2	
	9			2		8		1

150

MEDIUM

		7		8	4			5
	8		6			9		
	5	4	2					8
9						8	2	3
			5	4	3			
3	1	6						7
7					9	6	1	
		9			2		8	
4			8	6		5		

MEDIUM

151

		6	9			7		8
	7	8		2	1			
	3		8			4		5
				8			4	6
3			7		9			1
8	1			3				
2		3			4		8	
			2	7		1	3	
1		7			5	2		

152

				5	7	1	8	
	7	8			6			
	1	2				5		7
3					1		5	2
1			8		3			9
7	8		6					1
2		3				7	4	
			5			3	9	
	9	7	3	8				

153

		2	9					4
		1	5			6		2
6				2	1		8	
2	3				7		9	
		6		3		1		
	1		4				2	6
	2		7	4				3
8		9			3	4		
4					6	2		

154

MEDIUM

8			3	1		6		
7			6		2		5	
5	6					4		
		4	5	2		1		
1								6
		5		8	1	9		
		8					3	1
	1		4		8			5
		9		5	3			4

MEDIUM

155

			3		2	4	9	
4		9					2	1
	7	5	4	1				
		7		6			3	
8			5		4			9
	1			7		2		
				3	5	9	1	
3	9					6		2
	5	6	2		8			

156

MEDIUM

	8	6			2			9
			6	3			5	
		3		8			4	6
1		5			8	2		
7			2		6			8
		8	7			4		5
8	6			1		5		
	7			2	5			
5			8			9	2	

MEDIUM

157

1		8			2	7		
	3	4		1			9	
			4		8		3	1
	1	9						6
			8	6	7			
8						4	2	
3	4		7		5			
	8			2		3	4	
		1	3			6		9

158

	2				1	5		8
			5	8			7	
8		1	2			9		
	9		8	3				7
7		8				2		4
6				9	7		5	
		9			8	3		1
	7			1	5			
1		3	6				2	

MEDIUM

159

			4	2				3
4				5	6	1		
2	7	5				6		
	4		1				6	5
		6	9		5	7		
5	3				4		2	
		9				3	5	8
		2	8	9				6
3				6	1			

160

MEDIUM

9		7			4		8	
	8				6		1	
5					2	7		4
		5	8	2				
	6	3				5	9	
				6	3	4		
6		9	2					3
	7		4				5	
	3		6			1		2

MEDIUM

161

			7		5		3	
2	7			8		4		
	1	6	9					8
7	3			2	4			
6		8				1		3
			8	3			2	9
1					7	6	8	
		7		5			1	4
	8		3		1			

162

MEDIUM

					9	5		8
	5	1			6		9	
6			2	8		1		
2		7	9				1	
	4			7			8	
	1				2	7		3
		5		6	1			9
	6		8			3	7	
4		3	5					

MEDIUM

163

1				4	3			8
	5					3		
		9	5			2	7	4
		2		1		7	9	
	9			6			2	
	1	3		2		6		
5	8	1			2	4		
		4					5	
9			4	5				2

164

MEDIUM

			9		2	5		4
8								
	2		5	4	3		8	
	5		2	9		1		
	7	4		6		8	2	
		8		1	4		5	
	8		6	2	9		3	
								5
6		9	4		1			

MEDIUM

165

4				3				8
		1	2	5		3	4	
		3			7			
	2		9			4		5
	1	6		4		2	8	
5		7			8		9	
			5			8		
	5	9		6	2	1		
6				7				2

166

MEDIUM

3	6				8		1	
	1	4	9			6		
2			7	6	1			
1				9	6		2	
	2						3	
	9		2	1				8
			8	4	2			7
		1			3	2	5	
	4		1				8	6

MEDIUM

167

		3	1		8		5	
1						7	4	8
	8	2			5		6	
	2		8		9			
8				1				2
			2		4		1	
	6		9			5	8	
9	5	7						3
	1		3		7	4		

168

MEDIUM

					6		5	
1	6				9	7		
	7		2			3		9
5	1		8		4			6
6				9				3
3			6		2		4	7
2		6			3		7	
		9	7				2	4
	4		9					

MEDIUM

169

	6		5		7	2	1	
7			6			3		4
	4				1			6
				2	4			7
9								8
2			9	6				
8			4				7	
1		3			5			2
	7	2	3		6		9	

170

MEDIUM

	3	2				8		9
	7			6	3			
		6	4	2			3	
			2		5		7	1
9		7				4		6
5	4		7		6			
	5			3	2	6		
			6	5			1	
6		3				5	2	

MEDIUM

171

			3		2	1		7
6	2	7					4	
1				7			2	
	8		2	4		7		
9		1				2		8
		6		5	1		3	
	6			9				3
	5					6	1	2
7		3	5		6			

172

MEDIUM

	8		3		1			9
3		4					1	
			4	9			7	3
		3		8	9		2	
8		2				3		6
	1		2	3		5		
6	3			7	2			
	4					8		7
5			6		4		3	

173

		8	5		7			1
7	2				3			4
	3			6		8		
	5		9			7	1	
2				1				8
	1	3			2		9	
		5		8			7	
9			3				5	6
3			1		6	2		

174

			7	9	6		5	
	2	1			4			9
		9					8	6
2			5	4		6		
5		4				9		7
		7		3	9			8
3	1					2		
4			9			7	6	
	7		3	6	5			

MEDIUM

175

3				4		5		9
	6		5		9		7	
		1			2	3		
					5	8	2	6
5				1				7
2	3	9	7					
		5	4			1		
	4		8		1		9	
8		3		2				4

176

MEDIUM

		7				8	1	
8	5				4	3		
	3		1	6				5
	8		6			9		2
5				3				4
4		9			1		8	
7				1	3		9	
		4	7				6	1
	1	8				4		

MEDIUM

177

3		8				5	6	
6		7			1			
				3	2			7
	3	2		1				4
	7		2		6		1	
4				8		2	9	
7			5	2				
			3			9		6
	9	4				7		2

178

MEDIUM

1	2		4				3	
		8	6	2				4
5					3	8		
		3			8	6	7	
8				4				2
	9	6	2			4		
		9	8					3
3				9	4	1		
	8				2		5	7

MEDIUM

179

	8	5		2		9		
9			7		5			
		2	3				5	1
2				8	4		3	
4		8				5		6
	9		2	5				4
5	7				6	3		
			5		7			8
		6		3		1	7	

180

6			5		7	1		
	5	1		9				3
	2				6		4	7
		7	6			2		
3				2				6
		5			8	3		
4	9		1				8	
5				3		6	1	
		6	4		2			5

MEDIUM

181

				3		8	6	4
		9	6			2		
3	7		8		4			
9			7				2	6
	3			5			4	
2	1				6			8
			4		3		9	1
		1			2	4		
5	4	3		8				

182

		1			9	8		2
5	2			3				
	7			4	2	1		
6	1	7			5			
	9		1		6		5	
			9			2	1	6
		2	4	5			6	
				1			2	4
4		5	2			7		

MEDIUM

183

9	3				8	7		
6		1			3		8	
					2	4		6
		6		9	4			
5	1						4	9
			6	8		2		
8		3	2					
	9		8			5		3
		7	4				9	2

184

	9			8	4	7		
1		8			6		4	
	3		9			6	8	
2		1		7	8			
9								6
			4	9		1		8
	2	9			1		5	
	1		7			4		2
		3	5	6			9	

MEDIUM

185

				2	7			
5	7		3			9		
3		2				7		8
8			4		1		9	
	1	9				8	4	
	6		8		2			5
9		8				5		4
		6			9		8	7
			2	1				

186

MEDIUM

	9	7			8		1	
		1		6		9		4
	8		1		2	6		
8	1			4				
			2		9			
				8			2	5
		8	6		7		9	
2		6		3		1		
	5		8			2	7	

MEDIUM

187

	5		7			9		
			6	8			4	3
7		8			9			
		6	5			3	2	
	4			9			6	
	9	7			8	5		
			3			4		6
1	6			4	7			
		3			6		9	

188

1					2		7	5
3				9	5		6	
		5	1					4
		9			8		4	
	6			1			8	
	5		9			2		
8					1	6		
	4		8	3				2
5	9		2					8

MEDIUM

189

5			6			7		
		3	8	5		1		
	9		2				4	
	4		3	8				7
1		8				2		3
9				6	2		1	
	5				8		3	
		1		9	6	5		
		9			5			2

190

MEDIUM

	2			6	8			3
3	4	5					6	
			3		1		2	
		3	2	5				9
4								2
1				8	7	4		
	1		7		6			
	6					7	9	1
9			4	1			8	

MEDIUM

191

	1			9			5	
		3	8		1	9		
7			2			6	3	
1						4		6
			6	7	2			
9		2						7
	2	8			6			5
		1	5		8	7		
	7			2			6	

192

MEDIUM

			1		3	5	7	
7	5	2						
3			7					2
5	2		6			7		
		8		9		1		
		7			1		2	3
1					5			9
						8	3	1
	4	3	9		8			

MEDIUM

193

	8		6	1				7
7	3				8			6
		6			5	2	1	
		3	9	6		4		
		8		2	3	1		
	2	5	8			3		
3			1				9	4
8				4	6		5	

194

MEDIUM

2						6		9
	4		7	9	8			
8		9			6			
9	1			7	5			
	7	6				8	9	
			6	3			7	2
			9			7		6
			3	4	2		5	
1		4						8

HARD

195

	6			7				2
5		8			3		4	
		9			4	3		
1			4	8		7		
8	9						1	6
		5		1	9			3
		4	9			1		
	7		8			2		5
2				3			7	

196

HARD

5			1			6		
1			4		8			5
9	6			5		1		
	4		3			5		
	8			9			7	
		7			6		1	
		3		8			5	1
8			9		2			6
		6			7			2

HARD

197

	8			4	5			
5		6				8		3
	3		8		9	4		
	2			9	4	1		
	1						8	
		7	1	2			4	
		5	4		2		1	
4		2				6		8
			6	5			3	

198

HARD

5		1	2		6			
					9	7	1	
	8	2		1			6	
6					5			7
	3			4			2	
1			6					3
	5			9		8	3	
	7	3	1					
			8		3	2		5

HARD

199

		3	5		6		1	
			8	7			9	
1		5				2		
7				1			4	8
	9		6		3		2	
5	4			8				1
		7				6		9
	1			9	7			
	5		4		2	1		

200

HARD

2	3		5		6			
6				4				
	1			3			5	6
	8	2	6		3			
3		1				2		8
			1		8	5	6	
4	2			6			8	
				9				1
			4		2		9	7

201

6			8					9
	1		3			4	8	
7	3		9	4				
				1	8	5		
1		4				6		8
		3	7	5				
				8	7		2	3
	7	1			4		9	
3					9			5

202

HARD

	6				2	3	8	
	5				7			9
9		1						6
		9	5	3				4
	4	6				2	5	
5				2	1	9		
6						4		8
8			6				7	
	2	7	9				3	

203

	9			3	5		6	
		1	9		8	4		
	8					3		1
5					6	2		
2				9				3
		4	5					6
7		9					1	
		2	4		9	5		
	5		6	1			2	

204

HARD

	7		5			9		
4		5		9	1			
1				7			4	6
					8	3		4
		6	3		7	2		
5		7	4					
6	1			3				7
			1	8		6		9
		2			5		3	

205

4		9				6		
	3		8	4			9	
			9			4	5	
6			7			1	3	
1			4		6			2
	7	8			2			6
	4	3			9			
	6			8	7		2	
		2				9		8

206

HARD

9					4	6	1	
7				6	1			
2	1					8		
	5	3			8			1
	6		1		7		3	
1			5			9	8	
		7					9	3
			7	5				8
	9	1	8					5

HARD

207

	4	1	8					9
				3	2		1	
5		7					2	8
		8	5	4				2
		9				1		
6				9	3	5		
1	8					9		6
	6		3	5				
4					8	2	3	

208

HARD

6				7	2		1	
		1	5		3			
9						8		3
	8	5	2				3	
	1			5			8	
	9				8	4	5	
4		7						8
			7		4	6		
	2		3	8				1

HARD

209

	7				8		4	5
1			2		7			
2		8						6
	8	1			9		6	
		9		4		7		
	4		7			5	2	
8						3		4
			8		5			2
6	1		9				5	

210

HARD

	2	3				7	4	
1					3		6	
9			6	1		2		
			4				2	5
		8		2		3		
7	1				5			
		1		9	4			6
	9		3					2
	3	6				8	1	

211

		4	7					3
9	7		8					
		1		2	9		8	
		7					9	2
			4	9	7			
3	6					8		
	1		9	3		6		
					5		2	1
8					1	5		

212

	1	8			4	6		
	4					7		8
			6	1				3
6			7		1		2	
	5						6	
	8		5		3			9
8				5	6			
7		3					4	
		4	3			9	8	

HARD

213

		5	4	3				9
		4			7			2
	6				8	7		
			5	6			3	1
5								8
9	1			8	2			
		8	7				5	
6			9			2		
7				1	6	3		

214

HARD

5			2				1	
3					5		8	
		8	1	7				9
					9	3		1
		9		8		6		
7		3	6					
9				5	1	8		
	4		7					5
	6				2			3

HARD

215

	7	4		6				5
			9	3	7	2		
3							8	
9		6			2		5	
			1		6			
	4		3			8		2
	1							8
		2	8	4	9			
8				2		6	3	

216

HARD

		5				7		2
	1		4				3	9
	4	3	9	2				
				3		6		
	6		2		8		1	
		4		5				
				8	1	3	2	
8	3				2		6	
4		7				8		

HARD

217

			5					1
7	8			6		9		
		4			3	6		
	3	6			4			5
	7		8		5		4	
5			7			8	1	
		1	3			4		
		8		2			7	3
3					8			

218

4		3	1	6				
	6					8		
		7	4		2			3
7				5	8			
8	3						4	2
			7	2				8
3			8		5	9		
		2					8	
				9	7	4		1

219

4		9						6
				3	8			7
				2	9	1		8
					7	3	8	
	3		9		2		4	
	7	5	3					
9		6	2	4				
8			7	1				
3						5		4

220

HARD

					4	2		
	6			8				1
4			9			5	8	
	4			5			6	2
8			2		7			4
3	7			6			1	
	3	5			8			9
1				9			7	
		9	6					

221

1		6	7			4		
3	7							2
			6				3	
	5	8			6		1	
2			8		9			4
	6		1			8	2	
	2				8			
6							8	5
		3			2	9		1

222

HARD

			3	2				8
	8			5	7	6		
6							4	
9		1			3		7	
8			9		4			5
	4		2			9		6
	1							9
		5	6	4			2	
2				9	1			

HARD

223

1		8						
		5			6	7		
	6		8			4	2	
6					4		5	
9				1				7
	7		9					4
	4	3			9		7	
		9	7			5		
						2		3

224

HARD

3			5	1			4	
4	1				8	6		
		5	6					
7	9			3				6
			9		7			
1				8			9	4
					3	5		
		7	8				6	2
	8			6	9			7

HARD

225

		4			5	1		
		9	1				8	
	6			4			3	5
8				1			5	
		7	5		9	3		
	4			6				7
2	5			7			9	
	7				3	5		
		8	6			2		

226

HARD

	2		4					9
		3			8		1	
8				5			4	3
	6				7			4
			3		1			
5			6				7	
7	3			6				2
	9		8			4		
4					2		6	

HARD

227

		6		9		7		5
2		8						
	1				6		4	
9	8				5			4
		2	1		4	9		
5			9				3	2
	2		4				7	
						5		3
6		3		7		4		

228

HARD

8				9	2			6
		7	8					3
	6	2				1		
	9				5		7	
		4		8		3		
	2		1				9	
		6				9	3	
1					3	4		
4			7	5				8

HARD

229

	2	9	6		1			
		3				1		
	1				2			6
9				2			5	
	5		8		6		3	
	4			5				8
2			4				1	
		6				3		
			9		5	7	8	

230

		9					7	
2	6		7			8		
7				5	6	1		
	2			6				3
		4	5		7	2		
1				3			6	
		2	1	7				6
		1			8		5	4
	9					7		

HARD

231

4	5		1			6		
		2		7	6			
						2	1	5
9			3				5	
		3		4		9		
	7				8			4
6	2	7						
			2	9		5		
		5			1		2	8

232

HARD

6						7	3	4
			3		4			
		2	9	6				8
					3	9	1	6
				7				
2	6	5	1					
7				3	9	5		
			5		1			
9	5	4						1

HARD

233

	9				3	7		
		7	4			2		3
				5	6			1
2			1				7	
	8			7			3	
	7				9			2
9			6	2				
3		6			5	4		
		5	3				9	

234

HARD

		3			5	4		9
	4			7				
	2		4		1			
	6	5						3
			9	8	3			
9						8	2	
			3		2		8	
				4			5	
3		2	6			1		

HARD

235

			7			6		
5	6			2		7		
		8	6					4
2		4	9	8				
8	3						6	9
				4	3	8		2
3					1	2		
		9		7			4	3
		5			2			

236

HARD

1		7			8			
					5			2
		2		6		1		4
4	2	5	9					
	1		4		6		5	
					2	9	4	8
5		3		2		7		
6			8					
			3			8		5

237

	2				8	4		
							6	2
9	3				7	5		
		8		9				1
	9			2			4	
1				7		3		
		1	7				2	4
7	8							
		3	6				7	

238

HARD

		3	4	9				
					5		3	7
	8	4			3	6		
1			9	7			5	
	9						4	
	7			8	4			9
		6	1			9	7	
9	2		7					
				3	9	2		

HARD

239

2	7					1		9
		6	4					
		1			2		7	3
	1	8			9		4	
			1		6			
	6		8			5	1	
1	2		9			3		
					3	7		
8		3					9	2

240

			8	6		3		
	1				3	2		
8			9				5	
6				8		9		
	9		2		5		7	
		8		9				5
	2				9			8
		7	5				3	
		4		3	7			

HARD

241

	9	3					1	
			3	6	1	2		
1	2		4					
				4	7	1		5
7								9
9		5	1	8				
					4		7	1
		1	5	2	8			
	8					3	5	

242

HARD

3		1	6			8		
					9			1
		6			4		7	
	1		3	9		4		
2								3
		9		8	6		5	
	4		2			7		
7			9					
		2			8	9		5

243

6			3			9	7	
9				8		1		
			7					
					8		6	1
		9	1		3	8		
1	7		2					
					2			
		6		4				9
	3	2			5			4

244

HARD

2	5		3					
			7			2		3
7	8							
	9			3	4			8
	4	7				3	2	
1			9	2			4	
							9	1
8		6			9			
					6		7	5

245

	9	4	2					6
	6					4		
2			1				7	
		6			9		2	
9			4		8			7
	7		6			3		
	8				4			1
		2					5	
4					2	6	9	

246

HARD

2						9		6
		5	6					2
7				3				
		6		2	8			
	2	7				6	5	
			7	6		8		
				9				7
9					7	3		
4		2						1

247

		1	4					
	7	5			6			4
4							9	2
					7	8		5
		4	8		3	7		
7		2	6					
3	1							6
2			3			1	7	
					8	2		

248

HARD

5				9	3			
	8					1	5	
7	9							
			3			6	1	8
				5				
9	6	3			4			
							7	1
	3	1					4	
			2	6				3

HARD

249

5			2	7				3
		1			4			
			6				4	
1			7			5	9	
		9		8		7		
	7	2			5			4
	8				7			
			3			1		
2				9	6			5

250

					5			
4			1				8	3
8		2	7			9		
				5	8	2	7	
	8						5	
	6	5	3	9				
		8			4	6		1
6	4				9			2
			5					

ANSWERS

1

1	6	5	7	9	8	4	3	2
2	3	7	1	5	4	6	8	9
4	9	8	3	2	6	1	7	5
7	2	3	4	8	1	5	9	6
6	4	9	5	7	2	3	1	8
8	5	1	6	3	9	7	2	4
9	7	4	8	6	3	2	5	1
5	1	2	9	4	7	8	6	3
3	8	6	2	1	5	9	4	7

2

3	7	1	8	9	2	4	5	6
5	9	8	6	7	4	1	3	2
2	6	4	3	1	5	8	7	9
9	2	7	4	8	6	3	1	5
4	1	3	5	2	7	6	9	8
6	8	5	9	3	1	7	2	4
7	5	9	1	6	8	2	4	3
8	3	2	7	4	9	5	6	1
1	4	6	2	5	3	9	8	7

3

8	5	9	3	2	4	7	1	6
1	4	3	6	7	5	9	8	2
6	2	7	9	1	8	5	4	3
5	8	4	7	3	6	2	9	1
3	1	2	5	8	9	4	6	7
7	9	6	2	4	1	3	5	8
9	7	1	8	5	3	6	2	4
2	6	8	4	9	7	1	3	5
4	3	5	1	6	2	8	7	9

4

4	5	2	1	7	9	6	3	8
3	1	8	2	4	6	5	7	9
9	6	7	8	3	5	2	1	4
8	3	5	6	1	7	9	4	2
7	2	9	3	8	4	1	6	5
1	4	6	9	5	2	3	8	7
2	9	1	7	6	8	4	5	3
6	8	4	5	9	3	7	2	1
5	7	3	4	2	1	8	9	6

5

7	6	8	3	1	5	9	2	4
3	9	5	4	2	7	1	8	6
1	2	4	8	6	9	7	5	3
5	7	2	6	4	8	3	1	9
8	3	9	2	7	1	6	4	5
6	4	1	9	5	3	2	7	8
9	5	7	1	8	6	4	3	2
2	8	6	7	3	4	5	9	1
4	1	3	5	9	2	8	6	7

6

7	3	2	6	1	4	8	9	5
4	8	5	2	3	9	6	1	7
6	9	1	5	8	7	2	3	4
5	6	7	3	9	2	4	8	1
8	4	3	1	7	5	9	6	2
2	1	9	8	4	6	7	5	3
9	2	6	4	5	1	3	7	8
1	7	8	9	2	3	5	4	6
3	5	4	7	6	8	1	2	9

7

8	6	5	4	7	2	9	1	3
1	4	9	3	8	6	5	7	2
2	3	7	5	9	1	6	4	8
4	8	6	9	3	7	2	5	1
9	7	1	8	2	5	3	6	4
3	5	2	6	1	4	7	8	9
6	1	3	7	4	9	8	2	5
7	2	8	1	5	3	4	9	6
5	9	4	2	6	8	1	3	7

8

1	6	4	2	7	3	9	5	8
2	3	5	9	8	1	6	7	4
7	8	9	4	6	5	3	1	2
5	7	8	3	4	2	1	9	6
9	4	1	8	5	6	2	3	7
6	2	3	7	1	9	4	8	5
4	5	2	1	9	7	8	6	3
8	9	7	6	3	4	5	2	1
3	1	6	5	2	8	7	4	9

9

5	2	1	6	9	7	3	4	8
8	6	9	1	4	3	2	5	7
3	7	4	2	8	5	1	6	9
7	1	3	4	5	2	8	9	6
2	8	5	9	1	6	7	3	4
9	4	6	3	7	8	5	2	1
1	3	2	7	6	9	4	8	5
4	9	8	5	2	1	6	7	3
6	5	7	8	3	4	9	1	2

10

3	4	7	1	5	2	9	8	6
2	6	1	8	9	3	5	7	4
8	5	9	6	4	7	1	2	3
4	9	8	2	7	5	3	6	1
1	2	5	3	6	9	7	4	8
6	7	3	4	1	8	2	5	9
7	1	2	9	8	4	6	3	5
5	8	6	7	3	1	4	9	2
9	3	4	5	2	6	8	1	7

11

3	5	1	7	9	8	6	4	2
7	8	6	3	4	2	1	9	5
4	2	9	6	1	5	3	8	7
9	1	7	2	8	4	5	3	6
2	3	5	9	7	6	8	1	4
8	6	4	5	3	1	7	2	9
1	9	8	4	5	7	2	6	3
5	4	2	1	6	3	9	7	8
6	7	3	8	2	9	4	5	1

12

2	4	1	9	7	6	3	5	8
7	5	8	4	3	2	9	1	6
3	6	9	8	5	1	7	2	4
8	2	7	6	9	4	5	3	1
1	3	6	5	2	8	4	7	9
4	9	5	7	1	3	6	8	2
6	1	3	2	4	7	8	9	5
5	8	2	3	6	9	1	4	7
9	7	4	1	8	5	2	6	3

13

5	8	1	2	4	7	3	6	9
7	6	9	5	3	1	4	2	8
2	3	4	9	8	6	7	5	1
3	9	6	7	1	4	2	8	5
1	5	8	3	2	9	6	4	7
4	7	2	8	6	5	1	9	3
8	2	7	6	9	3	5	1	4
6	1	5	4	7	8	9	3	2
9	4	3	1	5	2	8	7	6

14

7	5	9	4	3	6	8	1	2
8	2	6	9	1	7	3	4	5
3	4	1	5	2	8	6	7	9
9	7	8	2	4	5	1	6	3
4	1	5	6	7	3	9	2	8
2	6	3	1	8	9	7	5	4
5	9	7	8	6	4	2	3	1
6	8	2	3	5	1	4	9	7
1	3	4	7	9	2	5	8	6

15

8	5	7	2	9	4	1	6	3
1	3	4	7	8	6	9	5	2
2	6	9	3	1	5	4	8	7
7	1	3	8	2	9	5	4	6
6	8	2	4	5	7	3	1	9
9	4	5	1	6	3	7	2	8
5	7	6	9	4	2	8	3	1
3	2	1	5	7	8	6	9	4
4	9	8	6	3	1	2	7	5

16

6	3	8	4	1	7	5	9	2
4	9	1	5	6	2	7	3	8
7	2	5	3	9	8	1	6	4
1	8	9	6	4	5	3	2	7
2	6	4	7	3	1	9	8	5
5	7	3	2	8	9	6	4	1
8	1	6	9	7	4	2	5	3
3	4	2	1	5	6	8	7	9
9	5	7	8	2	3	4	1	6

17

3	2	8	4	1	5	6	7	9
6	5	1	7	9	2	4	3	8
7	4	9	6	3	8	1	5	2
2	7	6	3	8	9	5	4	1
5	8	3	1	7	4	9	2	6
1	9	4	5	2	6	3	8	7
9	3	5	2	6	7	8	1	4
8	1	7	9	4	3	2	6	5
4	6	2	8	5	1	7	9	3

18

6	3	9	5	7	1	2	8	4
1	4	5	2	8	9	3	7	6
7	8	2	4	6	3	5	9	1
9	7	1	8	2	4	6	3	5
2	5	4	7	3	6	8	1	9
3	6	8	9	1	5	4	2	7
8	9	6	1	5	2	7	4	3
5	1	7	3	4	8	9	6	2
4	2	3	6	9	7	1	5	8

19

6	3	5	7	8	4	9	2	1
7	9	2	1	6	3	8	5	4
1	4	8	5	9	2	6	3	7
5	8	4	2	7	6	3	1	9
3	6	7	9	1	5	2	4	8
9	2	1	3	4	8	7	6	5
8	5	3	4	2	7	1	9	6
2	1	6	8	5	9	4	7	3
4	7	9	6	3	1	5	8	2

20

5	2	9	6	7	3	4	8	1
7	1	6	9	4	8	2	5	3
3	4	8	5	2	1	9	6	7
8	9	4	7	5	2	1	3	6
1	7	3	8	6	4	5	9	2
6	5	2	3	1	9	8	7	4
4	8	7	2	3	5	6	1	9
2	6	5	1	9	7	3	4	8
9	3	1	4	8	6	7	2	5

21

7	6	8	4	2	9	3	1	5
9	4	3	1	7	5	6	8	2
2	1	5	8	6	3	4	9	7
5	3	7	9	1	6	8	2	4
1	8	4	3	5	2	9	7	6
6	2	9	7	8	4	1	5	3
4	5	2	6	9	1	7	3	8
3	7	1	2	4	8	5	6	9
8	9	6	5	3	7	2	4	1

22

6	9	3	4	5	8	2	1	7
8	4	7	9	2	1	6	3	5
5	1	2	3	7	6	4	9	8
7	8	4	1	6	3	5	2	9
1	6	9	5	4	2	8	7	3
3	2	5	7	8	9	1	6	4
4	3	8	6	1	7	9	5	2
9	5	1	2	3	4	7	8	6
2	7	6	8	9	5	3	4	1

23

4	7	9	6	8	5	1	3	2
3	2	5	7	1	9	8	6	4
6	1	8	3	2	4	9	5	7
8	9	7	4	5	3	6	2	1
2	6	3	8	9	1	4	7	5
1	5	4	2	6	7	3	9	8
5	4	2	1	3	6	7	8	9
9	3	1	5	7	8	2	4	6
7	8	6	9	4	2	5	1	3

24

1	4	6	8	3	7	5	2	9
2	3	5	4	6	9	7	1	8
8	9	7	2	5	1	3	4	6
6	8	4	7	2	5	9	3	1
5	1	2	3	9	6	4	8	7
9	7	3	1	4	8	2	6	5
3	5	9	6	8	2	1	7	4
4	6	1	9	7	3	8	5	2
7	2	8	5	1	4	6	9	3

25

6	4	2	9	3	5	1	7	8
1	8	5	7	4	2	6	3	9
9	7	3	1	6	8	4	5	2
4	9	1	3	2	7	8	6	5
8	2	6	5	1	9	7	4	3
5	3	7	4	8	6	9	2	1
3	5	9	6	7	1	2	8	4
7	1	8	2	5	4	3	9	6
2	6	4	8	9	3	5	1	7

26

6	7	9	8	2	5	1	3	4
2	8	1	4	3	6	9	5	7
4	3	5	1	7	9	2	8	6
5	4	3	9	6	2	7	1	8
9	2	7	5	1	8	4	6	3
1	6	8	7	4	3	5	2	9
8	9	2	6	5	7	3	4	1
3	1	6	2	9	4	8	7	5
7	5	4	3	8	1	6	9	2

27

1	5	4	7	6	2	8	3	9
6	2	3	4	8	9	1	5	7
7	8	9	3	1	5	6	2	4
2	6	8	5	9	7	3	4	1
4	9	7	2	3	1	5	8	6
5	3	1	8	4	6	9	7	2
8	7	6	1	2	3	4	9	5
3	1	2	9	5	4	7	6	8
9	4	5	6	7	8	2	1	3

28

1	2	5	9	8	7	6	3	4
3	8	6	5	2	4	1	7	9
7	4	9	1	6	3	5	8	2
8	6	1	4	9	5	7	2	3
5	7	2	8	3	6	4	9	1
9	3	4	7	1	2	8	5	6
6	5	7	3	4	9	2	1	8
2	9	8	6	7	1	3	4	5
4	1	3	2	5	8	9	6	7

29

5	2	1	9	6	4	7	8	3
6	9	7	2	3	8	1	4	5
3	8	4	5	7	1	6	2	9
7	1	2	3	8	5	4	9	6
9	6	8	4	1	7	3	5	2
4	3	5	6	2	9	8	1	7
1	4	9	7	5	6	2	3	8
8	7	3	1	9	2	5	6	4
2	5	6	8	4	3	9	7	1

30

1	9	3	5	8	6	7	2	4
4	8	7	2	3	1	9	6	5
6	5	2	7	9	4	1	8	3
9	2	5	6	1	7	3	4	8
3	7	4	8	2	9	5	1	6
8	1	6	3	4	5	2	7	9
2	6	9	4	7	3	8	5	1
5	3	8	1	6	2	4	9	7
7	4	1	9	5	8	6	3	2

31

2	7	4	6	3	1	8	5	9
8	3	5	7	4	9	2	1	6
9	1	6	2	5	8	4	3	7
3	9	1	8	7	6	5	2	4
5	2	7	9	1	4	6	8	3
4	6	8	3	2	5	7	9	1
7	5	3	1	6	2	9	4	8
1	4	9	5	8	7	3	6	2
6	8	2	4	9	3	1	7	5

32

2	1	5	6	8	9	7	4	3
4	7	9	3	1	5	2	8	6
3	8	6	4	2	7	9	5	1
7	6	1	8	3	4	5	2	9
8	9	4	1	5	2	6	3	7
5	3	2	7	9	6	8	1	4
6	4	8	2	7	3	1	9	5
9	2	7	5	4	1	3	6	8
1	5	3	9	6	8	4	7	2

33

4	5	1	7	8	6	9	3	2
6	7	8	2	3	9	1	5	4
3	9	2	5	4	1	7	6	8
8	2	7	4	1	3	5	9	6
1	3	5	6	9	2	4	8	7
9	4	6	8	5	7	3	2	1
7	8	4	9	6	5	2	1	3
2	1	9	3	7	8	6	4	5
5	6	3	1	2	4	8	7	9

34

7	1	2	9	3	5	4	6	8
5	8	6	1	7	4	3	9	2
3	9	4	8	6	2	1	7	5
9	2	7	5	1	8	6	4	3
1	3	8	6	4	7	5	2	9
6	4	5	3	2	9	8	1	7
2	7	3	4	5	6	9	8	1
4	5	9	2	8	1	7	3	6
8	6	1	7	9	3	2	5	4

35

1	4	7	9	6	3	2	5	8
6	3	5	2	8	4	7	1	9
9	2	8	7	5	1	3	4	6
4	5	2	8	9	7	1	6	3
7	9	1	6	3	5	4	8	2
3	8	6	1	4	2	5	9	7
2	6	3	5	1	8	9	7	4
5	7	9	4	2	6	8	3	1
8	1	4	3	7	9	6	2	5

36

5	6	8	1	2	3	7	9	4
7	2	1	9	6	4	8	5	3
9	4	3	5	8	7	6	1	2
3	5	2	7	9	8	4	6	1
6	1	7	4	3	5	2	8	9
4	8	9	6	1	2	5	3	7
2	3	5	8	4	1	9	7	6
8	9	4	3	7	6	1	2	5
1	7	6	2	5	9	3	4	8

37

4	2	1	6	8	3	5	7	9
7	8	9	5	1	2	6	3	4
3	6	5	7	9	4	2	1	8
9	7	8	1	3	5	4	2	6
1	5	2	4	6	8	7	9	3
6	4	3	9	2	7	1	8	5
5	1	4	8	7	9	3	6	2
8	3	6	2	4	1	9	5	7
2	9	7	3	5	6	8	4	1

38

8	9	5	2	6	7	3	4	1
3	2	1	8	4	5	7	6	9
6	7	4	3	1	9	2	8	5
2	4	7	9	5	6	8	1	3
5	8	3	1	2	4	6	9	7
9	1	6	7	3	8	4	5	2
7	5	9	4	8	3	1	2	6
4	6	2	5	7	1	9	3	8
1	3	8	6	9	2	5	7	4

39

9	5	7	8	3	6	2	1	4
1	2	6	7	9	4	3	5	8
8	3	4	1	5	2	9	6	7
4	8	3	2	1	5	7	9	6
5	6	9	3	4	7	1	8	2
7	1	2	6	8	9	4	3	5
6	7	5	9	2	1	8	4	3
3	4	1	5	7	8	6	2	9
2	9	8	4	6	3	5	7	1

40

3	6	2	9	8	5	4	1	7
7	5	8	2	4	1	6	9	3
4	1	9	3	6	7	8	5	2
9	2	5	8	1	6	3	7	4
6	3	7	5	2	4	9	8	1
1	8	4	7	3	9	2	6	5
2	7	6	4	5	8	1	3	9
5	4	1	6	9	3	7	2	8
8	9	3	1	7	2	5	4	6

41

3	2	1	4	5	9	6	8	7
9	7	5	8	6	3	1	4	2
6	8	4	7	2	1	5	3	9
7	1	6	3	8	5	2	9	4
4	9	2	6	1	7	3	5	8
5	3	8	2	9	4	7	6	1
2	6	7	5	4	8	9	1	3
8	5	9	1	3	2	4	7	6
1	4	3	9	7	6	8	2	5

42

4	6	3	5	8	9	7	1	2
9	2	8	6	7	1	5	4	3
1	7	5	2	4	3	9	6	8
6	5	2	4	1	8	3	7	9
3	8	4	9	5	7	1	2	6
7	9	1	3	2	6	4	8	5
5	4	6	1	3	2	8	9	7
2	1	7	8	9	5	6	3	4
8	3	9	7	6	4	2	5	1

43

8	7	6	2	1	3	9	5	4
5	1	9	4	6	7	3	8	2
3	4	2	8	5	9	7	6	1
4	2	8	6	7	5	1	9	3
6	3	1	9	8	2	5	4	7
9	5	7	1	3	4	6	2	8
2	6	5	7	4	1	8	3	9
1	9	3	5	2	8	4	7	6
7	8	4	3	9	6	2	1	5

44

5	7	9	3	1	2	4	6	8
6	3	4	8	9	5	2	7	1
1	8	2	6	7	4	3	9	5
4	2	3	7	5	8	6	1	9
8	6	7	9	4	1	5	3	2
9	1	5	2	6	3	8	4	7
7	4	1	5	8	6	9	2	3
3	9	8	4	2	7	1	5	6
2	5	6	1	3	9	7	8	4

45

4	7	2	9	3	1	5	6	8
1	8	9	2	6	5	4	3	7
3	5	6	7	8	4	1	9	2
6	2	7	8	4	3	9	5	1
8	1	3	5	2	9	6	7	4
5	9	4	1	7	6	8	2	3
2	4	5	6	1	7	3	8	9
7	6	1	3	9	8	2	4	5
9	3	8	4	5	2	7	1	6

46

9	5	7	6	2	8	4	1	3
2	4	6	9	1	3	5	7	8
1	3	8	5	7	4	9	2	6
7	9	4	3	5	1	6	8	2
5	6	1	8	4	2	3	9	7
3	8	2	7	9	6	1	4	5
6	7	5	4	8	9	2	3	1
4	2	3	1	6	7	8	5	9
8	1	9	2	3	5	7	6	4

47

1	3	5	6	8	7	2	4	9
4	8	2	9	5	1	3	6	7
7	6	9	4	2	3	8	1	5
5	4	6	8	7	2	9	3	1
3	7	1	5	4	9	6	8	2
9	2	8	3	1	6	5	7	4
8	9	4	7	3	5	1	2	6
2	5	3	1	6	4	7	9	8
6	1	7	2	9	8	4	5	3

48

3	2	8	1	7	9	4	5	6
9	7	5	6	8	4	2	3	1
1	4	6	2	5	3	9	8	7
6	8	2	5	9	7	1	4	3
7	3	4	8	2	1	5	6	9
5	9	1	3	4	6	8	7	2
2	1	3	4	6	8	7	9	5
4	6	9	7	1	5	3	2	8
8	5	7	9	3	2	6	1	4

49

9	8	3	4	7	2	1	5	6
5	4	1	6	9	3	2	7	8
6	2	7	8	5	1	3	4	9
1	3	5	9	2	4	6	8	7
4	7	8	1	3	6	5	9	2
2	6	9	5	8	7	4	3	1
3	1	6	7	4	8	9	2	5
8	5	2	3	1	9	7	6	4
7	9	4	2	6	5	8	1	3

50

8	2	6	1	7	9	3	5	4
1	9	5	8	4	3	2	7	6
7	3	4	6	2	5	9	1	8
6	7	2	5	1	8	4	3	9
3	8	1	9	6	4	5	2	7
4	5	9	7	3	2	6	8	1
5	4	8	3	9	7	1	6	2
9	6	7	2	5	1	8	4	3
2	1	3	4	8	6	7	9	5

51

5	7	1	9	8	2	6	3	4
6	3	9	4	1	7	8	5	2
4	8	2	3	5	6	7	9	1
7	2	6	5	9	4	3	1	8
1	9	4	7	3	8	5	2	6
3	5	8	2	6	1	4	7	9
9	1	7	6	4	3	2	8	5
2	6	5	8	7	9	1	4	3
8	4	3	1	2	5	9	6	7

52

3	9	2	8	5	4	1	6	7
8	5	6	1	7	3	9	4	2
1	7	4	6	9	2	5	8	3
6	3	5	2	8	1	7	9	4
4	2	8	7	6	9	3	5	1
7	1	9	4	3	5	8	2	6
9	4	3	5	1	6	2	7	8
5	6	7	3	2	8	4	1	9
2	8	1	9	4	7	6	3	5

53

3	6	1	8	9	5	2	4	7
8	2	9	6	4	7	1	3	5
7	5	4	2	1	3	8	6	9
2	4	5	9	3	6	7	1	8
1	3	8	7	2	4	9	5	6
9	7	6	5	8	1	3	2	4
6	1	3	4	7	9	5	8	2
4	8	7	3	5	2	6	9	1
5	9	2	1	6	8	4	7	3

54

2	5	6	8	4	7	3	9	1
1	9	8	3	5	6	2	7	4
4	3	7	2	1	9	6	5	8
3	8	2	1	7	5	4	6	9
5	1	4	9	6	8	7	3	2
7	6	9	4	3	2	8	1	5
8	7	1	5	2	3	9	4	6
6	2	5	7	9	4	1	8	3
9	4	3	6	8	1	5	2	7

55

7	6	5	4	2	1	8	3	9
9	1	3	8	7	6	5	2	4
8	2	4	3	9	5	7	1	6
2	8	1	6	5	3	9	4	7
4	5	9	7	8	2	3	6	1
6	3	7	1	4	9	2	5	8
1	7	6	5	3	8	4	9	2
3	9	8	2	1	4	6	7	5
5	4	2	9	6	7	1	8	3

56

8	5	4	1	7	2	9	6	3
2	9	6	4	8	3	5	1	7
1	3	7	9	6	5	2	4	8
5	7	2	6	1	9	3	8	4
6	8	3	7	5	4	1	2	9
9	4	1	2	3	8	6	7	5
4	6	9	5	2	7	8	3	1
7	2	8	3	9	1	4	5	6
3	1	5	8	4	6	7	9	2

57

1	6	5	2	4	7	9	3	8
7	2	3	1	9	8	4	5	6
4	8	9	3	6	5	7	1	2
5	7	2	6	1	4	3	8	9
9	1	8	5	2	3	6	4	7
6	3	4	7	8	9	5	2	1
8	4	7	9	3	1	2	6	5
2	5	1	4	7	6	8	9	3
3	9	6	8	5	2	1	7	4

58

4	2	5	7	8	1	9	6	3
8	6	9	3	2	4	1	5	7
3	7	1	5	9	6	8	4	2
9	3	6	4	1	2	7	8	5
1	8	7	6	5	3	2	9	4
5	4	2	9	7	8	6	3	1
7	9	8	2	4	5	3	1	6
6	1	4	8	3	7	5	2	9
2	5	3	1	6	9	4	7	8

59

8	5	9	2	1	3	7	4	6
7	4	2	9	5	6	8	3	1
3	1	6	4	7	8	9	5	2
2	8	1	3	6	4	5	7	9
9	7	3	5	2	1	4	6	8
5	6	4	7	8	9	1	2	3
1	3	8	6	4	5	2	9	7
4	9	7	8	3	2	6	1	5
6	2	5	1	9	7	3	8	4

60

1	3	5	4	6	2	9	8	7
8	2	9	3	5	7	1	6	4
6	4	7	9	1	8	5	2	3
7	6	8	1	2	9	3	4	5
2	5	3	6	7	4	8	9	1
9	1	4	5	8	3	6	7	2
3	9	6	7	4	1	2	5	8
4	8	1	2	9	5	7	3	6
5	7	2	8	3	6	4	1	9

61

7	3	2	4	9	5	1	8	6
9	1	4	8	6	7	5	3	2
6	8	5	3	2	1	4	9	7
3	6	8	9	1	4	2	7	5
4	7	1	2	5	3	8	6	9
2	5	9	7	8	6	3	1	4
8	2	6	5	3	9	7	4	1
1	4	3	6	7	2	9	5	8
5	9	7	1	4	8	6	2	3

62

7	9	2	6	1	3	4	8	5
5	4	1	7	8	9	3	2	6
3	6	8	4	2	5	1	9	7
2	5	9	8	6	4	7	1	3
1	8	4	2	3	7	6	5	9
6	3	7	5	9	1	2	4	8
9	2	3	1	5	6	8	7	4
8	7	5	3	4	2	9	6	1
4	1	6	9	7	8	5	3	2

63

8	6	9	5	1	2	3	4	7
1	5	7	4	6	3	9	2	8
2	3	4	9	7	8	5	6	1
5	4	1	2	9	6	7	8	3
7	8	6	3	4	5	2	1	9
9	2	3	7	8	1	6	5	4
3	1	5	8	2	9	4	7	6
4	9	8	6	5	7	1	3	2
6	7	2	1	3	4	8	9	5

64

4	7	3	5	8	1	2	9	6
9	8	1	6	2	3	5	7	4
6	5	2	9	7	4	8	3	1
8	3	6	1	5	9	4	2	7
2	4	9	8	6	7	3	1	5
5	1	7	3	4	2	6	8	9
1	9	5	4	3	8	7	6	2
7	6	8	2	1	5	9	4	3
3	2	4	7	9	6	1	5	8

65

3	7	9	5	8	1	4	2	6
5	1	6	2	4	7	3	9	8
8	2	4	6	9	3	7	5	1
7	8	1	4	5	2	9	6	3
4	9	3	8	7	6	5	1	2
2	6	5	1	3	9	8	7	4
9	3	2	7	6	8	1	4	5
6	5	7	3	1	4	2	8	9
1	4	8	9	2	5	6	3	7

66

8	7	2	3	6	9	5	1	4
3	4	6	1	2	5	8	7	9
9	1	5	7	4	8	2	6	3
2	6	4	8	7	1	3	9	5
7	8	3	9	5	2	1	4	6
1	5	9	4	3	6	7	2	8
5	3	1	6	9	7	4	8	2
4	9	7	2	8	3	6	5	1
6	2	8	5	1	4	9	3	7

67

3	8	6	2	9	5	4	7	1
2	5	4	1	7	3	8	6	9
7	9	1	6	4	8	5	2	3
9	1	3	4	2	7	6	5	8
6	4	7	8	5	1	9	3	2
5	2	8	3	6	9	7	1	4
1	3	5	7	8	4	2	9	6
4	6	9	5	1	2	3	8	7
8	7	2	9	3	6	1	4	5

68

9	5	2	1	4	7	8	6	3
1	6	4	2	3	8	9	7	5
7	3	8	9	6	5	4	2	1
6	7	5	8	9	3	1	4	2
2	8	9	5	1	4	6	3	7
4	1	3	7	2	6	5	9	8
5	4	1	3	7	9	2	8	6
8	9	7	6	5	2	3	1	4
3	2	6	4	8	1	7	5	9

69

9	1	6	5	7	4	2	3	8
3	4	7	8	1	2	5	9	6
5	2	8	9	6	3	4	1	7
2	5	9	3	8	7	1	6	4
4	7	1	2	9	6	3	8	5
8	6	3	1	4	5	7	2	9
7	3	4	6	2	9	8	5	1
1	9	2	7	5	8	6	4	3
6	8	5	4	3	1	9	7	2

70

5	3	4	7	9	2	6	1	8
8	2	7	4	1	6	3	9	5
1	6	9	5	3	8	7	4	2
2	9	3	6	4	7	5	8	1
6	5	8	1	2	9	4	7	3
7	4	1	8	5	3	9	2	6
3	8	6	9	7	1	2	5	4
9	1	5	2	6	4	8	3	7
4	7	2	3	8	5	1	6	9

71

7	1	6	9	4	8	3	2	5
3	8	5	2	7	1	4	6	9
9	2	4	5	3	6	8	1	7
8	7	9	1	2	3	5	4	6
1	6	3	4	5	9	7	8	2
4	5	2	6	8	7	1	9	3
5	9	7	8	6	4	2	3	1
6	3	8	7	1	2	9	5	4
2	4	1	3	9	5	6	7	8

72

6	2	1	4	5	3	7	9	8
3	7	8	6	9	1	2	5	4
9	5	4	8	7	2	1	6	3
7	9	5	2	6	8	3	4	1
8	4	6	3	1	7	5	2	9
2	1	3	5	4	9	8	7	6
1	3	9	7	2	6	4	8	5
5	6	2	1	8	4	9	3	7
4	8	7	9	3	5	6	1	2

73

9	5	1	8	6	7	4	2	3
3	8	2	4	9	1	5	6	7
7	6	4	3	2	5	1	9	8
5	4	3	6	7	8	2	1	9
1	7	6	9	5	2	8	3	4
2	9	8	1	3	4	7	5	6
6	2	5	7	8	3	9	4	1
4	3	7	5	1	9	6	8	2
8	1	9	2	4	6	3	7	5

74

6	7	5	3	1	8	2	4	9
8	1	4	9	6	2	5	7	3
3	2	9	7	4	5	1	8	6
2	6	8	5	7	4	3	9	1
9	3	7	6	2	1	4	5	8
4	5	1	8	3	9	7	6	2
5	4	3	1	8	6	9	2	7
1	9	6	2	5	7	8	3	4
7	8	2	4	9	3	6	1	5

75

7	8	4	6	1	9	5	2	3
3	6	5	7	8	2	9	4	1
9	1	2	5	4	3	7	6	8
1	5	7	2	9	4	3	8	6
4	9	3	8	6	1	2	7	5
6	2	8	3	5	7	4	1	9
5	4	9	1	2	8	6	3	7
2	7	1	9	3	6	8	5	4
8	3	6	4	7	5	1	9	2

76

6	7	8	1	9	4	5	3	2
2	1	9	5	3	7	6	4	8
3	4	5	2	6	8	9	7	1
8	9	2	4	1	3	7	6	5
7	3	6	9	5	2	1	8	4
4	5	1	8	7	6	3	2	9
5	6	4	7	8	1	2	9	3
1	8	7	3	2	9	4	5	6
9	2	3	6	4	5	8	1	7

77

1	6	9	7	4	8	2	3	5
7	5	2	3	1	9	4	8	6
3	4	8	6	5	2	9	7	1
5	1	3	8	9	4	7	6	2
4	2	7	1	6	3	5	9	8
9	8	6	2	7	5	3	1	4
2	7	1	4	3	6	8	5	9
8	3	5	9	2	1	6	4	7
6	9	4	5	8	7	1	2	3

78

2	6	4	9	8	1	7	5	3
9	8	1	5	7	3	4	6	2
7	5	3	2	6	4	9	8	1
4	2	6	8	1	9	3	7	5
1	9	5	7	3	6	2	4	8
8	3	7	4	5	2	1	9	6
3	1	8	6	4	7	5	2	9
6	7	2	1	9	5	8	3	4
5	4	9	3	2	8	6	1	7

79

3	1	4	9	7	6	8	2	5
8	6	2	3	4	5	1	9	7
9	7	5	1	2	8	6	4	3
2	9	7	4	6	3	5	1	8
1	8	6	5	9	2	7	3	4
5	4	3	7	8	1	2	6	9
7	2	9	8	1	4	3	5	6
6	5	8	2	3	9	4	7	1
4	3	1	6	5	7	9	8	2

80

2	9	5	6	3	7	8	1	4
8	1	7	9	2	4	5	3	6
4	6	3	8	5	1	9	2	7
7	5	6	1	4	2	3	9	8
9	8	2	3	7	6	1	4	5
1	3	4	5	8	9	6	7	2
3	4	8	2	9	5	7	6	1
6	2	9	7	1	8	4	5	3
5	7	1	4	6	3	2	8	9

81

3	1	8	6	4	9	5	2	7
6	4	7	2	3	5	8	1	9
9	5	2	7	8	1	6	3	4
7	6	4	1	5	3	9	8	2
1	2	9	8	7	4	3	6	5
5	8	3	9	6	2	7	4	1
8	7	1	5	2	6	4	9	3
4	9	6	3	1	7	2	5	8
2	3	5	4	9	8	1	7	6

82

1	7	8	4	6	2	9	5	3
4	2	9	1	5	3	8	7	6
6	5	3	9	7	8	2	1	4
7	8	6	3	1	9	4	2	5
3	4	2	5	8	7	6	9	1
9	1	5	6	2	4	7	3	8
5	6	7	2	4	1	3	8	9
8	3	1	7	9	6	5	4	2
2	9	4	8	3	5	1	6	7

83

7	1	6	5	2	8	9	4	3
3	5	2	7	4	9	1	6	8
9	8	4	3	6	1	7	2	5
6	7	9	4	8	5	3	1	2
2	3	5	1	9	6	8	7	4
1	4	8	2	3	7	6	5	9
4	2	7	9	1	3	5	8	6
5	6	3	8	7	4	2	9	1
8	9	1	6	5	2	4	3	7

84

7	6	3	4	9	2	1	8	5
5	2	8	1	6	3	7	9	4
4	1	9	5	8	7	3	6	2
9	7	1	6	4	8	5	2	3
6	5	2	3	1	9	8	4	7
3	8	4	2	7	5	6	1	9
8	4	5	7	2	6	9	3	1
1	3	6	9	5	4	2	7	8
2	9	7	8	3	1	4	5	6

85

1	3	7	6	4	9	8	5	2
4	5	2	1	3	8	9	6	7
8	6	9	2	5	7	3	1	4
9	1	5	4	8	3	7	2	6
3	4	6	5	7	2	1	8	9
2	7	8	9	1	6	4	3	5
7	9	1	3	6	5	2	4	8
5	8	4	7	2	1	6	9	3
6	2	3	8	9	4	5	7	1

86

3	4	8	1	6	5	7	9	2
6	2	7	4	9	8	1	5	3
1	5	9	3	7	2	4	8	6
5	7	6	8	1	4	2	3	9
8	9	2	7	3	6	5	4	1
4	3	1	5	2	9	8	6	7
2	8	3	6	5	7	9	1	4
9	1	5	2	4	3	6	7	8
7	6	4	9	8	1	3	2	5

87

3	6	8	5	2	4	1	7	9
1	9	5	7	3	8	4	6	2
2	7	4	6	9	1	8	5	3
7	8	6	9	5	2	3	4	1
9	1	3	8	4	6	7	2	5
4	5	2	3	1	7	9	8	6
8	4	9	1	6	5	2	3	7
5	3	7	2	8	9	6	1	4
6	2	1	4	7	3	5	9	8

88

9	4	2	7	3	8	6	5	1
1	3	8	6	4	5	7	2	9
5	7	6	2	9	1	3	8	4
2	6	3	5	1	7	4	9	8
4	9	5	3	8	6	1	7	2
8	1	7	4	2	9	5	3	6
7	5	4	8	6	2	9	1	3
3	2	1	9	7	4	8	6	5
6	8	9	1	5	3	2	4	7

89

2	3	1	6	9	8	5	4	7
8	5	6	2	7	4	9	1	3
9	4	7	1	3	5	2	8	6
7	9	3	4	6	1	8	5	2
1	6	2	5	8	7	4	3	9
4	8	5	3	2	9	6	7	1
5	2	4	7	1	6	3	9	8
6	1	9	8	5	3	7	2	4
3	7	8	9	4	2	1	6	5

90

1	4	6	8	3	5	9	2	7
3	2	8	1	9	7	5	4	6
7	5	9	2	4	6	3	1	8
2	1	7	5	8	3	6	9	4
8	9	4	7	6	1	2	3	5
6	3	5	4	2	9	7	8	1
4	8	3	6	5	2	1	7	9
5	7	2	9	1	8	4	6	3
9	6	1	3	7	4	8	5	2

91

2	4	3	9	7	6	1	8	5
5	7	6	8	1	2	4	3	9
8	9	1	3	5	4	2	6	7
1	6	9	4	8	5	3	7	2
4	2	8	1	3	7	9	5	6
7	3	5	2	6	9	8	4	1
3	1	7	6	9	8	5	2	4
6	8	4	5	2	1	7	9	3
9	5	2	7	4	3	6	1	8

92

9	2	7	3	8	6	5	4	1
3	6	4	1	9	5	8	7	2
5	8	1	7	2	4	6	3	9
2	1	3	8	6	9	7	5	4
8	4	5	2	7	1	9	6	3
6	7	9	5	4	3	2	1	8
1	9	8	6	3	7	4	2	5
7	5	2	4	1	8	3	9	6
4	3	6	9	5	2	1	8	7

93

7	1	6	8	3	9	4	2	5
8	9	3	5	4	2	6	1	7
4	5	2	6	1	7	9	8	3
3	8	9	1	7	4	2	5	6
6	2	4	9	5	3	8	7	1
1	7	5	2	8	6	3	9	4
9	3	1	4	2	5	7	6	8
2	4	8	7	6	1	5	3	9
5	6	7	3	9	8	1	4	2

94

3	6	8	5	1	4	7	2	9
4	5	1	7	2	9	3	8	6
7	2	9	8	3	6	5	1	4
8	1	7	2	9	3	4	6	5
2	9	6	4	7	5	1	3	8
5	4	3	6	8	1	9	7	2
6	3	5	1	4	8	2	9	7
1	7	4	9	6	2	8	5	3
9	8	2	3	5	7	6	4	1

95

9	6	5	4	1	3	7	8	2
7	3	2	8	6	9	4	1	5
1	8	4	2	7	5	3	9	6
3	1	7	6	5	4	8	2	9
2	4	8	1	9	7	5	6	3
6	5	9	3	2	8	1	7	4
4	9	1	5	8	2	6	3	7
5	7	6	9	3	1	2	4	8
8	2	3	7	4	6	9	5	1

96

1	6	7	3	8	2	9	5	4
5	2	9	4	6	1	8	3	7
4	3	8	5	9	7	2	1	6
7	9	5	2	4	6	3	8	1
6	4	3	1	5	8	7	2	9
2	8	1	7	3	9	4	6	5
9	1	6	8	2	4	5	7	3
3	7	2	9	1	5	6	4	8
8	5	4	6	7	3	1	9	2

97

3	9	7	1	2	4	5	8	6
2	8	4	7	5	6	3	9	1
1	6	5	3	9	8	4	2	7
4	3	9	6	8	2	1	7	5
8	5	2	4	7	1	6	3	9
7	1	6	5	3	9	8	4	2
6	2	1	8	4	7	9	5	3
9	4	3	2	6	5	7	1	8
5	7	8	9	1	3	2	6	4

98

8	6	1	3	2	9	7	4	5
4	5	2	7	6	1	9	8	3
7	9	3	4	8	5	1	2	6
1	8	9	6	4	2	5	3	7
5	2	4	1	7	3	6	9	8
3	7	6	9	5	8	4	1	2
9	3	5	2	1	7	8	6	4
2	4	8	5	9	6	3	7	1
6	1	7	8	3	4	2	5	9

99

4	7	5	8	3	1	2	9	6
9	2	6	4	7	5	1	8	3
3	8	1	9	6	2	4	5	7
2	1	8	6	4	7	9	3	5
5	9	7	3	2	8	6	1	4
6	4	3	1	5	9	8	7	2
7	5	9	2	1	6	3	4	8
1	3	2	5	8	4	7	6	9
8	6	4	7	9	3	5	2	1

100

1	5	3	8	4	9	7	6	2
6	9	4	5	2	7	3	8	1
7	2	8	3	6	1	4	9	5
3	6	7	4	8	5	2	1	9
2	4	9	6	1	3	5	7	8
8	1	5	7	9	2	6	4	3
5	3	1	9	7	4	8	2	6
9	7	6	2	3	8	1	5	4
4	8	2	1	5	6	9	3	7

101

6	3	5	8	1	9	7	2	4
1	4	7	2	6	5	3	8	9
8	9	2	3	4	7	1	6	5
3	7	1	4	5	2	8	9	6
2	5	6	9	3	8	4	7	1
9	8	4	1	7	6	5	3	2
5	6	3	7	9	1	2	4	8
7	1	8	6	2	4	9	5	3
4	2	9	5	8	3	6	1	7

102

4	9	1	5	6	3	2	7	8
7	2	6	1	4	8	3	9	5
3	8	5	2	9	7	4	6	1
8	7	3	4	5	9	1	2	6
5	1	2	8	7	6	9	4	3
9	6	4	3	2	1	5	8	7
1	4	9	6	8	5	7	3	2
6	3	7	9	1	2	8	5	4
2	5	8	7	3	4	6	1	9

103

8	9	1	6	2	3	7	4	5
3	5	2	7	9	4	8	6	1
7	4	6	1	5	8	2	9	3
2	1	5	8	7	6	9	3	4
4	7	9	2	3	5	6	1	8
6	8	3	4	1	9	5	7	2
9	6	8	3	4	2	1	5	7
5	3	7	9	8	1	4	2	6
1	2	4	5	6	7	3	8	9

104

1	5	6	9	4	8	2	7	3
4	7	2	1	6	3	5	9	8
3	8	9	2	5	7	1	4	6
8	4	3	5	1	2	9	6	7
2	9	5	3	7	6	8	1	4
7	6	1	8	9	4	3	5	2
6	1	8	7	2	9	4	3	5
9	2	7	4	3	5	6	8	1
5	3	4	6	8	1	7	2	9

105

8	6	4	7	9	2	3	5	1
3	2	7	8	1	5	9	6	4
1	5	9	4	3	6	8	2	7
2	9	8	5	4	3	7	1	6
6	7	5	9	2	1	4	3	8
4	1	3	6	7	8	5	9	2
5	4	2	3	6	7	1	8	9
7	8	6	1	5	9	2	4	3
9	3	1	2	8	4	6	7	5

106

6	7	9	4	5	2	1	8	3
2	5	8	1	3	9	7	4	6
4	3	1	6	7	8	2	9	5
8	1	2	3	4	5	6	7	9
7	4	5	9	8	6	3	1	2
9	6	3	7	2	1	4	5	8
5	8	7	2	6	4	9	3	1
1	2	4	5	9	3	8	6	7
3	9	6	8	1	7	5	2	4

107

2	6	8	5	9	3	4	7	1
5	7	4	6	1	2	9	3	8
3	1	9	7	4	8	6	5	2
1	8	5	3	2	4	7	6	9
4	9	2	1	7	6	3	8	5
6	3	7	9	8	5	1	2	4
7	4	6	8	5	9	2	1	3
9	5	3	2	6	1	8	4	7
8	2	1	4	3	7	5	9	6

108

6	2	7	4	9	5	8	3	1
3	4	8	1	7	2	6	9	5
1	5	9	8	6	3	2	4	7
9	6	4	7	3	8	1	5	2
5	8	2	6	1	4	9	7	3
7	3	1	2	5	9	4	8	6
4	7	6	3	8	1	5	2	9
8	1	5	9	2	7	3	6	4
2	9	3	5	4	6	7	1	8

109

8	5	1	7	3	4	9	6	2
9	4	3	2	5	6	7	8	1
6	2	7	8	1	9	5	3	4
5	7	2	4	8	1	6	9	3
1	6	9	3	2	7	4	5	8
4	3	8	9	6	5	2	1	7
7	8	5	1	9	2	3	4	6
2	1	6	5	4	3	8	7	9
3	9	4	6	7	8	1	2	5

110

2	9	7	8	6	1	5	3	4
1	4	6	5	7	3	2	9	8
3	8	5	4	2	9	6	1	7
4	6	1	9	3	7	8	2	5
9	2	3	6	5	8	4	7	1
7	5	8	1	4	2	9	6	3
8	7	4	3	9	6	1	5	2
6	1	2	7	8	5	3	4	9
5	3	9	2	1	4	7	8	6

111

1	5	6	3	8	9	7	4	2
9	4	8	1	2	7	3	5	6
7	3	2	4	6	5	1	8	9
6	9	4	7	3	8	2	1	5
5	1	3	6	9	2	8	7	4
2	8	7	5	4	1	9	6	3
8	6	5	9	7	3	4	2	1
3	2	1	8	5	4	6	9	7
4	7	9	2	1	6	5	3	8

112

5	8	6	7	9	4	3	2	1
4	3	2	5	8	1	7	9	6
7	1	9	2	3	6	8	4	5
3	2	8	1	5	9	6	7	4
9	4	1	6	7	2	5	8	3
6	7	5	8	4	3	9	1	2
1	9	4	3	6	8	2	5	7
2	5	3	9	1	7	4	6	8
8	6	7	4	2	5	1	3	9

113

7	5	2	3	1	8	4	9	6
3	4	6	9	5	2	7	8	1
1	8	9	4	7	6	2	5	3
8	1	4	5	6	7	3	2	9
9	6	7	2	4	3	5	1	8
2	3	5	1	8	9	6	7	4
5	2	1	6	9	4	8	3	7
6	9	8	7	3	5	1	4	2
4	7	3	8	2	1	9	6	5

114

8	3	2	4	7	1	9	5	6
7	5	6	3	9	2	4	8	1
4	1	9	5	8	6	7	3	2
9	8	1	2	4	5	6	7	3
6	2	5	8	3	7	1	9	4
3	4	7	6	1	9	5	2	8
5	7	4	1	2	8	3	6	9
1	9	8	7	6	3	2	4	5
2	6	3	9	5	4	8	1	7

115

2	5	4	7	8	9	1	6	3
3	8	1	4	6	5	2	9	7
6	7	9	1	3	2	5	4	8
1	4	7	8	2	3	9	5	6
9	3	6	5	4	7	8	1	2
5	2	8	6	9	1	3	7	4
7	9	2	3	5	4	6	8	1
8	1	5	2	7	6	4	3	9
4	6	3	9	1	8	7	2	5

116

8	9	2	1	4	7	6	3	5
1	3	5	6	9	8	2	7	4
4	6	7	3	5	2	1	8	9
2	7	6	4	3	1	5	9	8
5	4	9	2	8	6	3	1	7
3	8	1	9	7	5	4	2	6
9	5	3	8	1	4	7	6	2
7	2	8	5	6	3	9	4	1
6	1	4	7	2	9	8	5	3

117

3	4	7	5	1	8	6	2	9
9	1	6	3	4	2	7	8	5
2	8	5	7	6	9	1	3	4
8	9	3	1	2	7	5	4	6
1	6	2	4	3	5	8	9	7
5	7	4	8	9	6	2	1	3
7	3	9	6	8	1	4	5	2
4	5	8	2	7	3	9	6	1
6	2	1	9	5	4	3	7	8

118

5	8	9	4	7	1	6	3	2
3	4	1	2	5	6	7	9	8
6	2	7	3	9	8	5	1	4
8	7	3	5	1	4	9	2	6
1	9	5	6	2	7	8	4	3
4	6	2	8	3	9	1	5	7
2	1	8	9	6	3	4	7	5
7	3	4	1	8	5	2	6	9
9	5	6	7	4	2	3	8	1

119

7	5	2	6	4	9	3	8	1
4	1	3	8	2	5	9	7	6
6	8	9	1	7	3	2	4	5
2	7	8	5	3	1	4	6	9
3	6	1	4	9	8	7	5	2
9	4	5	7	6	2	8	1	3
1	3	7	9	8	6	5	2	4
5	9	4	2	1	7	6	3	8
8	2	6	3	5	4	1	9	7

120

3	5	8	6	9	7	1	4	2
4	6	1	2	5	8	9	7	3
7	9	2	1	3	4	8	6	5
5	4	3	7	8	6	2	1	9
8	1	6	9	2	5	7	3	4
2	7	9	4	1	3	5	8	6
9	2	7	3	6	1	4	5	8
6	8	4	5	7	2	3	9	1
1	3	5	8	4	9	6	2	7

121

7	3	1	8	6	9	5	4	2
6	8	2	1	5	4	9	3	7
4	5	9	7	3	2	8	1	6
2	6	5	4	9	8	1	7	3
8	1	3	5	7	6	2	9	4
9	7	4	3	2	1	6	8	5
1	2	7	9	4	5	3	6	8
3	9	6	2	8	7	4	5	1
5	4	8	6	1	3	7	2	9

122

1	3	9	8	4	7	2	5	6
8	2	6	5	3	9	7	4	1
7	4	5	2	1	6	9	3	8
5	6	1	3	9	2	4	8	7
2	8	7	4	6	5	1	9	3
4	9	3	1	7	8	6	2	5
3	7	8	6	2	4	5	1	9
9	5	4	7	8	1	3	6	2
6	1	2	9	5	3	8	7	4

123

8	2	3	1	5	6	9	7	4
4	9	5	2	8	7	6	3	1
7	1	6	9	3	4	8	5	2
9	3	8	7	1	5	4	2	6
5	4	2	6	9	3	1	8	7
1	6	7	4	2	8	5	9	3
3	8	4	5	7	1	2	6	9
2	7	1	8	6	9	3	4	5
6	5	9	3	4	2	7	1	8

124

1	6	2	9	8	3	7	4	5
5	9	8	2	4	7	6	1	3
7	3	4	6	1	5	9	2	8
2	1	6	8	5	9	3	7	4
4	8	3	7	6	2	5	9	1
9	5	7	4	3	1	2	8	6
3	4	9	1	7	6	8	5	2
8	7	5	3	2	4	1	6	9
6	2	1	5	9	8	4	3	7

125

1	4	7	6	5	9	2	3	8
3	9	2	7	4	8	1	5	6
5	6	8	2	1	3	9	7	4
7	5	3	4	2	6	8	9	1
4	2	1	9	8	5	7	6	3
9	8	6	3	7	1	4	2	5
8	1	9	5	3	7	6	4	2
2	7	5	8	6	4	3	1	9
6	3	4	1	9	2	5	8	7

126

8	6	3	9	5	2	1	4	7
7	2	4	1	3	6	8	5	9
9	1	5	8	4	7	3	2	6
4	7	2	5	1	3	6	9	8
6	3	8	4	2	9	7	1	5
1	5	9	6	7	8	2	3	4
2	9	1	7	6	4	5	8	3
3	4	6	2	8	5	9	7	1
5	8	7	3	9	1	4	6	2

127

1	5	3	2	8	9	4	6	7
8	6	4	3	5	7	9	1	2
2	7	9	6	1	4	8	3	5
9	3	5	1	7	8	6	2	4
6	1	8	5	4	2	3	7	9
7	4	2	9	6	3	1	5	8
4	2	1	7	9	6	5	8	3
3	8	6	4	2	5	7	9	1
5	9	7	8	3	1	2	4	6

128

4	2	9	5	8	1	7	6	3
1	7	6	4	2	3	9	5	8
3	5	8	6	7	9	4	1	2
6	8	2	7	3	5	1	9	4
9	1	5	2	4	6	3	8	7
7	4	3	1	9	8	6	2	5
8	6	4	9	5	7	2	3	1
2	3	1	8	6	4	5	7	9
5	9	7	3	1	2	8	4	6

129

4	2	3	6	8	7	1	9	5
7	5	6	1	9	2	4	8	3
9	8	1	5	4	3	7	2	6
5	7	8	9	2	1	6	3	4
2	6	4	8	3	5	9	7	1
1	3	9	4	7	6	8	5	2
6	9	5	2	1	8	3	4	7
8	1	7	3	5	4	2	6	9
3	4	2	7	6	9	5	1	8

130

1	7	4	8	9	6	5	3	2
8	6	3	2	1	5	9	4	7
5	9	2	4	7	3	6	8	1
7	2	8	9	6	1	4	5	3
9	3	5	7	4	2	1	6	8
6	4	1	5	3	8	7	2	9
2	1	9	6	8	4	3	7	5
4	5	7	3	2	9	8	1	6
3	8	6	1	5	7	2	9	4

131

3	1	9	2	6	7	8	4	5
7	6	8	4	5	9	2	3	1
2	5	4	8	3	1	9	6	7
5	7	6	3	1	2	4	9	8
1	4	3	6	9	8	7	5	2
9	8	2	5	7	4	6	1	3
8	2	5	9	4	3	1	7	6
4	3	1	7	8	6	5	2	9
6	9	7	1	2	5	3	8	4

132

6	4	9	1	3	8	7	2	5
5	8	1	4	7	2	9	6	3
7	2	3	9	5	6	8	1	4
8	1	6	5	4	9	3	7	2
3	9	2	6	8	7	4	5	1
4	5	7	2	1	3	6	8	9
9	6	4	8	2	5	1	3	7
1	7	5	3	6	4	2	9	8
2	3	8	7	9	1	5	4	6

133

5	7	6	9	4	3	2	1	8
9	4	1	8	5	2	7	6	3
2	8	3	7	1	6	9	5	4
4	1	2	3	8	7	5	9	6
3	9	8	6	2	5	1	4	7
6	5	7	4	9	1	3	8	2
1	2	4	5	3	8	6	7	9
7	3	9	1	6	4	8	2	5
8	6	5	2	7	9	4	3	1

134

3	1	4	6	2	8	9	7	5
6	9	5	7	1	4	3	2	8
2	8	7	3	9	5	1	6	4
4	5	6	2	7	3	8	1	9
8	3	9	1	5	6	7	4	2
1	7	2	4	8	9	6	5	3
5	2	8	9	6	1	4	3	7
7	4	1	8	3	2	5	9	6
9	6	3	5	4	7	2	8	1

135

4	9	5	6	7	1	2	8	3
6	8	3	4	9	2	7	1	5
1	2	7	8	5	3	9	6	4
8	7	6	9	2	4	3	5	1
3	5	9	1	6	7	8	4	2
2	4	1	5	3	8	6	7	9
7	1	2	3	8	5	4	9	6
5	6	8	2	4	9	1	3	7
9	3	4	7	1	6	5	2	8

136

1	8	5	2	7	9	4	3	6
9	4	7	3	6	8	5	1	2
3	6	2	4	1	5	8	9	7
6	5	8	7	4	1	3	2	9
4	7	9	8	2	3	6	5	1
2	1	3	5	9	6	7	8	4
5	2	1	6	8	4	9	7	3
7	3	6	9	5	2	1	4	8
8	9	4	1	3	7	2	6	5

137

3	6	7	4	9	5	8	2	1
9	2	5	1	6	8	4	7	3
4	1	8	7	3	2	9	6	5
2	4	3	8	5	6	7	1	9
8	5	1	2	7	9	6	3	4
7	9	6	3	1	4	2	5	8
5	3	4	6	8	7	1	9	2
1	7	2	9	4	3	5	8	6
6	8	9	5	2	1	3	4	7

138

5	6	2	7	3	4	9	1	8
3	1	4	2	9	8	5	6	7
7	8	9	5	6	1	4	3	2
4	5	6	8	1	3	7	2	9
1	9	3	4	2	7	8	5	6
2	7	8	9	5	6	1	4	3
8	3	7	1	4	2	6	9	5
6	4	5	3	8	9	2	7	1
9	2	1	6	7	5	3	8	4

139

2	7	6	3	1	5	4	8	9
8	5	9	7	2	4	6	1	3
4	1	3	9	8	6	7	5	2
3	9	2	4	5	8	1	7	6
6	4	5	1	7	2	9	3	8
7	8	1	6	9	3	2	4	5
9	6	4	5	3	1	8	2	7
5	2	7	8	4	9	3	6	1
1	3	8	2	6	7	5	9	4

140

4	3	8	2	7	6	5	1	9
5	1	2	9	8	3	6	7	4
7	9	6	4	1	5	2	3	8
3	7	5	1	2	8	9	4	6
2	6	9	7	5	4	3	8	1
8	4	1	6	3	9	7	2	5
6	8	7	5	4	2	1	9	3
1	5	3	8	9	7	4	6	2
9	2	4	3	6	1	8	5	7

141

4	3	2	6	1	9	7	5	8
5	7	8	4	3	2	1	6	9
9	6	1	5	7	8	4	3	2
7	1	3	8	2	5	6	9	4
6	8	5	3	9	4	2	7	1
2	9	4	7	6	1	5	8	3
3	2	6	9	4	7	8	1	5
1	5	9	2	8	6	3	4	7
8	4	7	1	5	3	9	2	6

142

6	8	4	2	1	3	7	5	9
7	1	3	5	4	9	2	8	6
2	9	5	7	6	8	3	1	4
3	4	6	9	7	1	5	2	8
9	5	1	8	2	4	6	7	3
8	7	2	3	5	6	4	9	1
4	6	7	1	9	2	8	3	5
5	3	9	4	8	7	1	6	2
1	2	8	6	3	5	9	4	7

143

5	9	2	4	6	7	3	8	1
1	6	8	3	5	9	7	2	4
7	4	3	2	8	1	9	5	6
9	2	1	8	3	4	5	6	7
8	7	5	1	9	6	2	4	3
6	3	4	7	2	5	8	1	9
2	5	6	9	4	3	1	7	8
4	1	9	5	7	8	6	3	2
3	8	7	6	1	2	4	9	5

144

6	2	3	9	4	1	5	8	7
5	4	9	3	8	7	1	2	6
7	8	1	5	6	2	9	3	4
4	6	5	7	3	8	2	9	1
3	7	2	1	9	6	8	4	5
9	1	8	2	5	4	7	6	3
1	3	6	8	7	9	4	5	2
2	9	4	6	1	5	3	7	8
8	5	7	4	2	3	6	1	9

145

7	5	1	3	9	2	8	6	4
2	6	3	5	8	4	7	1	9
8	9	4	6	7	1	5	3	2
9	8	7	1	4	3	6	2	5
1	4	6	8	2	5	9	7	3
5	3	2	9	6	7	1	4	8
6	1	5	4	3	9	2	8	7
3	2	9	7	1	8	4	5	6
4	7	8	2	5	6	3	9	1

146

6	2	7	5	9	1	8	4	3
3	4	9	6	7	8	2	1	5
1	5	8	3	4	2	6	9	7
7	8	1	2	3	4	5	6	9
5	9	6	8	1	7	4	3	2
2	3	4	9	5	6	1	7	8
8	1	2	7	6	3	9	5	4
9	6	3	4	2	5	7	8	1
4	7	5	1	8	9	3	2	6

147

6	1	5	8	7	9	3	2	4
2	9	8	3	4	6	7	5	1
4	7	3	2	5	1	9	8	6
1	3	2	4	9	5	8	6	7
7	4	9	6	1	8	5	3	2
5	8	6	7	3	2	1	4	9
9	5	4	1	6	3	2	7	8
8	6	1	5	2	7	4	9	3
3	2	7	9	8	4	6	1	5

148

7	6	3	1	5	4	9	8	2
5	8	9	2	6	7	4	3	1
2	4	1	9	3	8	6	5	7
4	7	6	5	9	3	2	1	8
3	1	2	8	4	6	7	9	5
8	9	5	7	2	1	3	6	4
9	2	7	3	1	5	8	4	6
6	5	8	4	7	9	1	2	3
1	3	4	6	8	2	5	7	9

149

8	5	9	7	6	4	2	1	3
7	1	4	8	3	2	5	9	6
3	2	6	9	5	1	4	8	7
1	8	5	6	7	3	9	4	2
9	3	7	2	4	5	1	6	8
6	4	2	1	8	9	7	3	5
2	6	8	4	1	7	3	5	9
5	7	1	3	9	8	6	2	4
4	9	3	5	2	6	8	7	1

150

1	9	7	3	8	4	2	6	5
2	8	3	6	7	5	9	4	1
6	5	4	2	9	1	3	7	8
9	4	5	7	1	6	8	2	3
8	7	2	5	4	3	1	9	6
3	1	6	9	2	8	4	5	7
7	3	8	4	5	9	6	1	2
5	6	9	1	3	2	7	8	4
4	2	1	8	6	7	5	3	9

151

4	2	6	9	5	3	7	1	8
5	7	8	4	2	1	6	9	3
9	3	1	8	6	7	4	2	5
7	5	9	1	8	2	3	4	6
3	6	2	7	4	9	8	5	1
8	1	4	5	3	6	9	7	2
2	9	3	6	1	4	5	8	7
6	4	5	2	7	8	1	3	9
1	8	7	3	9	5	2	6	4

152

9	3	6	2	5	7	1	8	4
5	7	8	4	1	6	9	2	3
4	1	2	9	3	8	5	6	7
3	6	4	7	9	1	8	5	2
1	2	5	8	4	3	6	7	9
7	8	9	6	2	5	4	3	1
2	5	3	1	6	9	7	4	8
8	4	1	5	7	2	3	9	6
6	9	7	3	8	4	2	1	5

153

3	5	2	9	6	8	7	1	4
9	8	1	5	7	4	6	3	2
6	4	7	3	2	1	9	8	5
2	3	4	6	1	7	5	9	8
5	9	6	8	3	2	1	4	7
7	1	8	4	9	5	3	2	6
1	2	5	7	4	9	8	6	3
8	6	9	2	5	3	4	7	1
4	7	3	1	8	6	2	5	9

154

8	4	2	3	1	5	6	7	9
7	9	1	6	4	2	3	5	8
5	6	3	8	9	7	4	1	2
9	3	4	5	2	6	1	8	7
1	8	7	9	3	4	5	2	6
6	2	5	7	8	1	9	4	3
4	5	8	2	6	9	7	3	1
3	1	6	4	7	8	2	9	5
2	7	9	1	5	3	8	6	4

155

6	8	1	3	5	2	4	9	7
4	3	9	7	8	6	5	2	1
2	7	5	4	1	9	3	8	6
5	2	7	9	6	1	8	3	4
8	6	3	5	2	4	1	7	9
9	1	4	8	7	3	2	6	5
7	4	2	6	3	5	9	1	8
3	9	8	1	4	7	6	5	2
1	5	6	2	9	8	7	4	3

156

4	8	6	5	7	2	3	1	9
9	1	7	6	3	4	8	5	2
2	5	3	1	8	9	7	4	6
1	9	5	3	4	8	2	6	7
7	3	4	2	5	6	1	9	8
6	2	8	7	9	1	4	3	5
8	6	2	9	1	3	5	7	4
3	7	9	4	2	5	6	8	1
5	4	1	8	6	7	9	2	3

157

1	5	8	9	3	2	7	6	4
7	3	4	5	1	6	2	9	8
6	9	2	4	7	8	5	3	1
5	1	9	2	4	3	8	7	6
4	2	3	8	6	7	9	1	5
8	6	7	1	5	9	4	2	3
3	4	6	7	9	5	1	8	2
9	8	5	6	2	1	3	4	7
2	7	1	3	8	4	6	5	9

158

3	2	7	9	6	1	5	4	8
9	6	4	5	8	3	1	7	2
8	5	1	2	7	4	9	3	6
4	9	5	8	3	2	6	1	7
7	3	8	1	5	6	2	9	4
6	1	2	4	9	7	8	5	3
5	4	9	7	2	8	3	6	1
2	7	6	3	1	5	4	8	9
1	8	3	6	4	9	7	2	5

159

8	6	1	4	2	9	5	7	3
4	9	3	7	5	6	1	8	2
2	7	5	3	1	8	6	4	9
9	4	7	1	3	2	8	6	5
1	2	6	9	8	5	7	3	4
5	3	8	6	7	4	9	2	1
6	1	9	2	4	7	3	5	8
7	5	2	8	9	3	4	1	6
3	8	4	5	6	1	2	9	7

160

9	2	7	3	1	4	6	8	5
3	8	4	7	5	6	2	1	9
5	1	6	9	8	2	7	3	4
7	4	5	8	2	9	3	6	1
2	6	3	1	4	7	5	9	8
8	9	1	5	6	3	4	2	7
6	5	9	2	7	1	8	4	3
1	7	2	4	3	8	9	5	6
4	3	8	6	9	5	1	7	2

161

8	9	4	7	1	5	2	3	6
2	7	5	6	8	3	4	9	1
3	1	6	9	4	2	5	7	8
7	3	9	1	2	4	8	6	5
6	2	8	5	7	9	1	4	3
5	4	1	8	3	6	7	2	9
1	5	3	4	9	7	6	8	2
9	6	7	2	5	8	3	1	4
4	8	2	3	6	1	9	5	7

162

3	7	2	4	1	9	5	6	8
8	5	1	7	3	6	2	9	4
6	9	4	2	8	5	1	3	7
2	3	7	9	5	8	4	1	6
5	4	6	1	7	3	9	8	2
9	1	8	6	4	2	7	5	3
7	2	5	3	6	1	8	4	9
1	6	9	8	2	4	3	7	5
4	8	3	5	9	7	6	2	1

163

1	2	7	9	4	3	5	6	8
4	5	8	2	7	6	3	1	9
3	6	9	5	8	1	2	7	4
6	4	2	8	1	5	7	9	3
7	9	5	3	6	4	8	2	1
8	1	3	7	2	9	6	4	5
5	8	1	6	9	2	4	3	7
2	7	4	1	3	8	9	5	6
9	3	6	4	5	7	1	8	2

164

7	6	3	9	8	2	5	1	4
8	4	5	1	7	6	3	9	2
9	2	1	5	4	3	7	8	6
3	5	6	2	9	8	1	4	7
1	7	4	3	6	5	8	2	9
2	9	8	7	1	4	6	5	3
5	8	7	6	2	9	4	3	1
4	1	2	8	3	7	9	6	5
6	3	9	4	5	1	2	7	8

165

4	9	5	6	3	1	7	2	8
8	7	1	2	5	9	3	4	6
2	6	3	4	8	7	5	1	9
3	2	8	9	1	6	4	7	5
9	1	6	7	4	5	2	8	3
5	4	7	3	2	8	6	9	1
1	3	2	5	9	4	8	6	7
7	5	9	8	6	2	1	3	4
6	8	4	1	7	3	9	5	2

166

3	6	7	4	2	8	5	1	9
8	1	4	9	3	5	6	7	2
2	5	9	7	6	1	8	4	3
1	7	8	3	9	6	4	2	5
4	2	6	5	8	7	9	3	1
5	9	3	2	1	4	7	6	8
6	3	5	8	4	2	1	9	7
9	8	1	6	7	3	2	5	4
7	4	2	1	5	9	3	8	6

167

6	7	3	1	4	8	2	5	9
1	9	5	6	3	2	7	4	8
4	8	2	7	9	5	3	6	1
5	2	1	8	7	9	6	3	4
8	4	6	5	1	3	9	7	2
7	3	9	2	6	4	8	1	5
3	6	4	9	2	1	5	8	7
9	5	7	4	8	6	1	2	3
2	1	8	3	5	7	4	9	6

168

9	8	2	3	7	6	4	5	1
1	6	3	4	5	9	7	8	2
4	7	5	2	8	1	3	6	9
5	1	7	8	3	4	2	9	6
6	2	4	5	9	7	8	1	3
3	9	8	6	1	2	5	4	7
2	5	6	1	4	3	9	7	8
8	3	9	7	6	5	1	2	4
7	4	1	9	2	8	6	3	5

169

3	6	8	5	4	7	2	1	9
7	2	1	6	8	9	3	5	4
5	4	9	2	3	1	7	8	6
6	8	5	1	2	4	9	3	7
9	1	4	7	5	3	6	2	8
2	3	7	9	6	8	5	4	1
8	5	6	4	9	2	1	7	3
1	9	3	8	7	5	4	6	2
4	7	2	3	1	6	8	9	5

170

4	3	2	5	1	7	8	6	9
8	7	5	9	6	3	1	4	2
1	9	6	4	2	8	7	3	5
3	6	8	2	4	5	9	7	1
9	2	7	3	8	1	4	5	6
5	4	1	7	9	6	2	8	3
7	5	4	1	3	2	6	9	8
2	8	9	6	5	4	3	1	7
6	1	3	8	7	9	5	2	4

171

5	9	4	3	6	2	1	8	7
6	2	7	9	1	8	3	4	5
1	3	8	4	7	5	9	2	6
3	8	5	2	4	9	7	6	1
9	4	1	6	3	7	2	5	8
2	7	6	8	5	1	4	3	9
8	6	2	1	9	4	5	7	3
4	5	9	7	8	3	6	1	2
7	1	3	5	2	6	8	9	4

172

7	8	6	3	2	1	4	5	9
3	9	4	7	6	5	2	1	8
1	2	5	4	9	8	6	7	3
4	6	3	5	8	9	7	2	1
8	5	2	1	4	7	3	9	6
9	1	7	2	3	6	5	8	4
6	3	9	8	7	2	1	4	5
2	4	1	9	5	3	8	6	7
5	7	8	6	1	4	9	3	2

173

6	4	8	5	2	7	9	3	1
7	2	1	8	9	3	5	6	4
5	3	9	4	6	1	8	2	7
4	5	6	9	3	8	7	1	2
2	9	7	6	1	5	3	4	8
8	1	3	7	4	2	6	9	5
1	6	5	2	8	9	4	7	3
9	8	2	3	7	4	1	5	6
3	7	4	1	5	6	2	8	9

174

8	4	3	7	9	6	1	5	2
6	2	1	8	5	4	3	7	9
7	5	9	1	2	3	4	8	6
2	9	8	5	4	7	6	3	1
5	3	4	6	8	1	9	2	7
1	6	7	2	3	9	5	4	8
3	1	6	4	7	8	2	9	5
4	8	5	9	1	2	7	6	3
9	7	2	3	6	5	8	1	4

175

3	2	7	1	4	8	5	6	9
4	6	8	5	3	9	2	7	1
9	5	1	6	7	2	3	4	8
1	7	4	3	9	5	8	2	6
5	8	6	2	1	4	9	3	7
2	3	9	7	8	6	4	1	5
7	9	5	4	6	3	1	8	2
6	4	2	8	5	1	7	9	3
8	1	3	9	2	7	6	5	4

176

6	4	7	3	2	5	8	1	9
8	5	1	9	7	4	3	2	6
9	3	2	1	6	8	7	4	5
1	8	3	6	4	7	9	5	2
5	2	6	8	3	9	1	7	4
4	7	9	2	5	1	6	8	3
7	6	5	4	1	3	2	9	8
3	9	4	7	8	2	5	6	1
2	1	8	5	9	6	4	3	7

177

3	2	8	4	9	7	5	6	1
6	4	7	8	5	1	3	2	9
1	5	9	6	3	2	4	8	7
8	3	2	9	1	5	6	7	4
9	7	5	2	4	6	8	1	3
4	1	6	7	8	3	2	9	5
7	6	3	5	2	9	1	4	8
2	8	1	3	7	4	9	5	6
5	9	4	1	6	8	7	3	2

178

1	2	7	4	8	9	5	3	6
9	3	8	6	2	5	7	1	4
5	6	4	1	7	3	8	2	9
2	4	3	9	5	8	6	7	1
8	1	5	7	4	6	3	9	2
7	9	6	2	3	1	4	8	5
6	5	9	8	1	7	2	4	3
3	7	2	5	9	4	1	6	8
4	8	1	3	6	2	9	5	7

179

3	8	5	4	2	1	9	6	7
9	1	4	7	6	5	2	8	3
7	6	2	3	9	8	4	5	1
2	5	1	6	8	4	7	3	9
4	3	8	1	7	9	5	2	6
6	9	7	2	5	3	8	1	4
5	7	9	8	1	6	3	4	2
1	2	3	5	4	7	6	9	8
8	4	6	9	3	2	1	7	5

180

6	3	4	5	8	7	1	2	9
7	5	1	2	9	4	8	6	3
9	2	8	3	1	6	5	4	7
1	4	7	6	5	3	2	9	8
3	8	9	7	2	1	4	5	6
2	6	5	9	4	8	3	7	1
4	9	3	1	6	5	7	8	2
5	7	2	8	3	9	6	1	4
8	1	6	4	7	2	9	3	5

181

1	2	5	9	3	7	8	6	4
4	8	9	6	1	5	2	3	7
3	7	6	8	2	4	9	1	5
9	5	8	7	4	1	3	2	6
6	3	7	2	5	8	1	4	9
2	1	4	3	9	6	7	5	8
8	6	2	4	7	3	5	9	1
7	9	1	5	6	2	4	8	3
5	4	3	1	8	9	6	7	2

182

3	4	1	5	6	9	8	7	2
5	2	8	7	3	1	6	4	9
9	7	6	8	4	2	1	3	5
6	1	7	3	2	5	4	9	8
2	9	4	1	8	6	3	5	7
8	5	3	9	7	4	2	1	6
1	8	2	4	5	7	9	6	3
7	3	9	6	1	8	5	2	4
4	6	5	2	9	3	7	8	1

183

9	3	4	5	6	8	7	2	1
6	2	1	7	4	3	9	8	5
7	8	5	9	1	2	4	3	6
2	7	6	1	9	4	3	5	8
5	1	8	3	2	7	6	4	9
3	4	9	6	8	5	2	1	7
8	6	3	2	5	9	1	7	4
4	9	2	8	7	1	5	6	3
1	5	7	4	3	6	8	9	2

184

5	9	6	2	8	4	7	1	3
1	7	8	3	5	6	2	4	9
4	3	2	9	1	7	6	8	5
2	5	1	6	7	8	9	3	4
9	8	4	1	2	3	5	7	6
3	6	7	4	9	5	1	2	8
6	2	9	8	4	1	3	5	7
8	1	5	7	3	9	4	6	2
7	4	3	5	6	2	8	9	1

185

6	8	1	9	2	7	4	5	3
5	7	4	3	8	6	9	2	1
3	9	2	1	5	4	7	6	8
8	5	7	4	6	1	3	9	2
2	1	9	7	3	5	8	4	6
4	6	3	8	9	2	1	7	5
9	2	8	6	7	3	5	1	4
1	3	6	5	4	9	2	8	7
7	4	5	2	1	8	6	3	9

186

6	9	7	4	5	8	3	1	2
5	2	1	7	6	3	9	8	4
3	8	4	1	9	2	6	5	7
8	1	2	5	4	6	7	3	9
4	3	5	2	7	9	8	6	1
7	6	9	3	8	1	4	2	5
1	4	8	6	2	7	5	9	3
2	7	6	9	3	5	1	4	8
9	5	3	8	1	4	2	7	6

187

6	5	4	7	3	2	9	8	1
9	2	1	6	8	5	7	4	3
7	3	8	4	1	9	6	5	2
8	1	6	5	7	4	3	2	9
5	4	2	1	9	3	8	6	7
3	9	7	2	6	8	5	1	4
2	8	9	3	5	1	4	7	6
1	6	5	9	4	7	2	3	8
4	7	3	8	2	6	1	9	5

188

1	8	6	3	4	2	9	7	5
3	2	4	7	9	5	8	6	1
9	7	5	1	8	6	3	2	4
7	1	9	6	2	8	5	4	3
2	6	3	5	1	4	7	8	9
4	5	8	9	7	3	2	1	6
8	3	2	4	5	1	6	9	7
6	4	7	8	3	9	1	5	2
5	9	1	2	6	7	4	3	8

189

5	1	2	6	4	3	7	8	9
4	7	3	8	5	9	1	2	6
8	9	6	2	1	7	3	4	5
2	4	5	3	8	1	6	9	7
1	6	8	9	7	4	2	5	3
9	3	7	5	6	2	8	1	4
6	5	4	7	2	8	9	3	1
3	2	1	4	9	6	5	7	8
7	8	9	1	3	5	4	6	2

190

7	2	1	5	6	8	9	4	3
3	4	5	9	7	2	1	6	8
6	8	9	3	4	1	5	2	7
8	7	3	2	5	4	6	1	9
4	5	6	1	3	9	8	7	2
1	9	2	6	8	7	4	3	5
2	1	8	7	9	6	3	5	4
5	6	4	8	2	3	7	9	1
9	3	7	4	1	5	2	8	6

191

4	1	6	3	9	7	2	5	8
2	5	3	8	6	1	9	7	4
7	8	9	2	5	4	6	3	1
1	3	7	9	8	5	4	2	6
8	4	5	6	7	2	3	1	9
9	6	2	4	1	3	5	8	7
3	2	8	7	4	6	1	9	5
6	9	1	5	3	8	7	4	2
5	7	4	1	2	9	8	6	3

192

8	6	9	1	2	3	5	7	4
7	5	2	8	4	9	3	1	6
3	1	4	7	5	6	9	8	2
5	2	1	6	3	4	7	9	8
4	3	8	2	9	7	1	6	5
6	9	7	5	8	1	4	2	3
1	8	6	3	7	5	2	4	9
9	7	5	4	6	2	8	3	1
2	4	3	9	1	8	6	5	7

193

5	8	2	6	1	4	9	3	7
7	3	1	2	9	8	5	4	6
9	4	6	7	3	5	2	1	8
2	7	3	9	6	1	4	8	5
1	9	4	5	8	7	6	2	3
6	5	8	4	2	3	1	7	9
4	2	5	8	7	9	3	6	1
3	6	7	1	5	2	8	9	4
8	1	9	3	4	6	7	5	2

194

2	5	7	4	1	3	6	8	9
6	4	1	7	9	8	5	2	3
8	3	9	2	5	6	4	1	7
9	1	2	8	7	5	3	6	4
3	7	6	1	2	4	8	9	5
4	8	5	6	3	9	1	7	2
5	2	3	9	8	1	7	4	6
7	6	8	3	4	2	9	5	1
1	9	4	5	6	7	2	3	8

195

4	6	3	1	7	8	5	9	2
5	1	8	2	9	3	6	4	7
7	2	9	5	6	4	3	8	1
1	3	2	4	8	6	7	5	9
8	9	7	3	5	2	4	1	6
6	4	5	7	1	9	8	2	3
3	5	4	9	2	7	1	6	8
9	7	6	8	4	1	2	3	5
2	8	1	6	3	5	9	7	4

196

5	3	4	1	2	9	6	8	7
1	7	2	4	6	8	3	9	5
9	6	8	7	5	3	1	2	4
2	4	9	3	7	1	5	6	8
6	8	1	2	9	5	4	7	3
3	5	7	8	4	6	2	1	9
7	2	3	6	8	4	9	5	1
8	1	5	9	3	2	7	4	6
4	9	6	5	1	7	8	3	2

197

2	8	9	3	4	5	7	6	1
5	4	6	2	7	1	8	9	3
7	3	1	8	6	9	4	2	5
8	2	3	5	9	4	1	7	6
9	1	4	7	3	6	5	8	2
6	5	7	1	2	8	3	4	9
3	6	5	4	8	2	9	1	7
4	7	2	9	1	3	6	5	8
1	9	8	6	5	7	2	3	4

198

5	9	1	2	7	6	3	8	4
3	6	4	5	8	9	7	1	2
7	8	2	3	1	4	5	6	9
6	2	8	9	3	5	1	4	7
9	3	5	7	4	1	6	2	8
1	4	7	6	2	8	9	5	3
2	5	6	4	9	7	8	3	1
8	7	3	1	5	2	4	9	6
4	1	9	8	6	3	2	7	5

199

9	7	3	5	2	6	8	1	4
2	6	4	8	7	1	5	9	3
1	8	5	9	3	4	2	7	6
7	3	6	2	1	5	9	4	8
8	9	1	6	4	3	7	2	5
5	4	2	7	8	9	3	6	1
4	2	7	1	5	8	6	3	9
6	1	8	3	9	7	4	5	2
3	5	9	4	6	2	1	8	7

200

2	3	8	5	1	6	7	4	9
6	9	5	8	4	7	1	3	2
7	1	4	2	3	9	8	5	6
5	8	2	6	7	3	9	1	4
3	6	1	9	5	4	2	7	8
9	4	7	1	2	8	5	6	3
4	2	9	7	6	1	3	8	5
8	7	6	3	9	5	4	2	1
1	5	3	4	8	2	6	9	7

201

6	4	2	8	7	1	3	5	9
5	1	9	3	6	2	4	8	7
7	3	8	9	4	5	2	6	1
9	6	7	4	1	8	5	3	2
1	5	4	2	9	3	6	7	8
8	2	3	7	5	6	9	1	4
4	9	5	6	8	7	1	2	3
2	7	1	5	3	4	8	9	6
3	8	6	1	2	9	7	4	5

202

7	6	4	1	9	2	3	8	5
3	5	2	8	6	7	1	4	9
9	8	1	3	4	5	7	2	6
2	7	9	5	3	6	8	1	4
1	4	6	7	8	9	2	5	3
5	3	8	4	2	1	9	6	7
6	1	5	2	7	3	4	9	8
8	9	3	6	1	4	5	7	2
4	2	7	9	5	8	6	3	1

203

4	9	7	1	3	5	8	6	2
3	2	1	9	6	8	4	7	5
6	8	5	7	4	2	3	9	1
5	1	8	3	7	6	2	4	9
2	7	6	8	9	4	1	5	3
9	3	4	5	2	1	7	8	6
7	4	9	2	5	3	6	1	8
1	6	2	4	8	9	5	3	7
8	5	3	6	1	7	9	2	4

204

3	7	8	5	4	6	9	1	2
4	6	5	2	9	1	7	8	3
1	2	9	8	7	3	5	4	6
2	9	1	6	5	8	3	7	4
8	4	6	3	1	7	2	9	5
5	3	7	4	2	9	1	6	8
6	1	4	9	3	2	8	5	7
7	5	3	1	8	4	6	2	9
9	8	2	7	6	5	4	3	1

205

4	1	9	2	7	5	6	8	3
5	3	6	8	4	1	2	9	7
2	8	7	9	6	3	4	5	1
6	2	4	7	5	8	1	3	9
1	9	5	4	3	6	8	7	2
3	7	8	1	9	2	5	4	6
8	4	3	6	2	9	7	1	5
9	6	1	5	8	7	3	2	4
7	5	2	3	1	4	9	6	8

206

9	3	5	2	8	4	6	1	7
7	4	8	9	6	1	3	5	2
2	1	6	3	7	5	8	4	9
4	5	3	6	9	8	7	2	1
8	6	9	1	2	7	5	3	4
1	7	2	5	4	3	9	8	6
5	8	7	4	1	6	2	9	3
3	2	4	7	5	9	1	6	8
6	9	1	8	3	2	4	7	5

207

2	4	1	8	7	5	3	6	9
8	9	6	4	3	2	7	1	5
5	3	7	6	1	9	4	2	8
3	1	8	5	4	7	6	9	2
7	5	9	2	8	6	1	4	3
6	2	4	1	9	3	5	8	7
1	8	3	7	2	4	9	5	6
9	6	2	3	5	1	8	7	4
4	7	5	9	6	8	2	3	1

208

6	4	3	8	7	2	5	1	9
8	7	1	5	9	3	2	6	4
9	5	2	4	6	1	8	7	3
7	8	5	2	4	9	1	3	6
3	1	4	6	5	7	9	8	2
2	9	6	1	3	8	4	5	7
4	6	7	9	1	5	3	2	8
1	3	8	7	2	4	6	9	5
5	2	9	3	8	6	7	4	1

209

9	7	3	1	6	8	2	4	5
1	6	4	2	5	7	9	3	8
2	5	8	4	9	3	1	7	6
7	8	1	5	2	9	4	6	3
5	2	9	3	4	6	7	8	1
3	4	6	7	8	1	5	2	9
8	9	5	6	7	2	3	1	4
4	3	7	8	1	5	6	9	2
6	1	2	9	3	4	8	5	7

210

6	2	3	5	8	9	7	4	1
1	5	7	2	4	3	9	6	8
9	8	4	6	1	7	2	5	3
3	6	9	4	7	8	1	2	5
5	4	8	1	2	6	3	9	7
7	1	2	9	3	5	6	8	4
2	7	1	8	9	4	5	3	6
8	9	5	3	6	1	4	7	2
4	3	6	7	5	2	8	1	9

211

2	8	4	7	1	6	9	5	3
9	7	5	8	4	3	2	1	6
6	3	1	5	2	9	7	8	4
4	5	7	3	6	8	1	9	2
1	2	8	4	9	7	3	6	5
3	6	9	1	5	2	8	4	7
5	1	2	9	3	4	6	7	8
7	9	3	6	8	5	4	2	1
8	4	6	2	7	1	5	3	9

212

3	1	8	9	7	4	6	5	2
9	4	6	2	3	5	7	1	8
2	7	5	6	1	8	4	9	3
6	3	9	7	4	1	8	2	5
1	5	7	8	9	2	3	6	4
4	8	2	5	6	3	1	7	9
8	9	1	4	5	6	2	3	7
7	2	3	1	8	9	5	4	6
5	6	4	3	2	7	9	8	1

213

2	7	5	4	3	1	8	6	9
3	8	4	6	9	7	5	1	2
1	6	9	2	5	8	7	4	3
8	2	7	5	6	4	9	3	1
5	4	3	1	7	9	6	2	8
9	1	6	3	8	2	4	7	5
4	9	8	7	2	3	1	5	6
6	3	1	9	4	5	2	8	7
7	5	2	8	1	6	3	9	4

214

5	9	6	2	3	8	4	1	7
3	7	1	9	4	5	2	8	6
4	2	8	1	7	6	5	3	9
6	8	4	5	2	9	3	7	1
2	1	9	3	8	7	6	5	4
7	5	3	6	1	4	9	2	8
9	3	7	4	5	1	8	6	2
8	4	2	7	6	3	1	9	5
1	6	5	8	9	2	7	4	3

215

1	7	4	2	6	8	3	9	5
5	6	8	9	3	7	2	4	1
3	2	9	5	1	4	7	8	6
9	8	6	4	7	2	1	5	3
2	5	3	1	8	6	4	7	9
7	4	1	3	9	5	8	6	2
4	1	7	6	5	3	9	2	8
6	3	2	8	4	9	5	1	7
8	9	5	7	2	1	6	3	4

216

6	9	5	8	1	3	7	4	2
2	1	8	4	6	7	5	3	9
7	4	3	9	2	5	1	8	6
5	7	2	1	3	4	6	9	8
3	6	9	2	7	8	4	1	5
1	8	4	6	5	9	2	7	3
9	5	6	7	8	1	3	2	4
8	3	1	5	4	2	9	6	7
4	2	7	3	9	6	8	5	1

217

9	6	3	5	4	7	2	8	1
7	8	5	1	6	2	9	3	4
2	1	4	9	8	3	6	5	7
8	3	6	2	1	4	7	9	5
1	7	2	8	9	5	3	4	6
5	4	9	7	3	6	8	1	2
6	5	1	3	7	9	4	2	8
4	9	8	6	2	1	5	7	3
3	2	7	4	5	8	1	6	9

218

4	8	3	1	6	9	2	7	5
2	6	9	5	7	3	8	1	4
5	1	7	4	8	2	6	9	3
7	2	4	3	5	8	1	6	9
8	3	5	9	1	6	7	4	2
1	9	6	7	2	4	3	5	8
3	7	1	8	4	5	9	2	6
9	4	2	6	3	1	5	8	7
6	5	8	2	9	7	4	3	1

219

4	8	9	5	7	1	2	3	6
5	2	1	6	3	8	4	9	7
7	6	3	4	2	9	1	5	8
6	9	4	1	5	7	3	8	2
1	3	8	9	6	2	7	4	5
2	7	5	3	8	4	6	1	9
9	5	6	2	4	3	8	7	1
8	4	2	7	1	5	9	6	3
3	1	7	8	9	6	5	2	4

220

5	9	8	1	7	4	2	3	6
2	6	7	3	8	5	9	4	1
4	1	3	9	2	6	5	8	7
9	4	1	8	5	3	7	6	2
8	5	6	2	1	7	3	9	4
3	7	2	4	6	9	8	1	5
6	3	5	7	4	8	1	2	9
1	8	4	5	9	2	6	7	3
7	2	9	6	3	1	4	5	8

221

1	9	6	7	2	3	4	5	8
3	7	5	4	8	1	6	9	2
8	4	2	6	9	5	1	3	7
4	5	8	2	3	6	7	1	9
2	3	1	8	7	9	5	6	4
9	6	7	1	5	4	8	2	3
5	2	4	9	1	8	3	7	6
6	1	9	3	4	7	2	8	5
7	8	3	5	6	2	9	4	1

222

5	7	4	3	2	6	1	9	8
1	8	9	4	5	7	6	3	2
6	3	2	1	8	9	5	4	7
9	5	1	8	6	3	2	7	4
8	2	6	9	7	4	3	1	5
7	4	3	2	1	5	9	8	6
4	1	7	5	3	2	8	6	9
3	9	5	6	4	8	7	2	1
2	6	8	7	9	1	4	5	3

223

1	9	8	2	4	7	6	3	5
4	2	5	1	3	6	7	8	9
3	6	7	8	9	5	4	2	1
6	8	1	3	7	4	9	5	2
9	3	4	5	1	2	8	6	7
5	7	2	9	6	8	3	1	4
2	4	3	6	5	9	1	7	8
8	1	9	7	2	3	5	4	6
7	5	6	4	8	1	2	9	3

224

3	7	6	5	1	2	9	4	8
4	1	9	3	7	8	6	2	5
8	2	5	6	9	4	3	7	1
7	9	8	4	3	1	2	5	6
2	6	4	9	5	7	8	1	3
1	5	3	2	8	6	7	9	4
6	4	1	7	2	3	5	8	9
9	3	7	8	4	5	1	6	2
5	8	2	1	6	9	4	3	7

225

7	8	4	9	3	5	1	2	6
5	3	9	1	2	6	7	8	4
1	6	2	7	4	8	9	3	5
8	2	3	4	1	7	6	5	9
6	1	7	5	8	9	3	4	2
9	4	5	3	6	2	8	1	7
2	5	6	8	7	1	4	9	3
4	7	1	2	9	3	5	6	8
3	9	8	6	5	4	2	7	1

226

1	2	5	4	7	3	6	8	9
6	4	3	2	9	8	7	1	5
8	7	9	1	5	6	2	4	3
3	6	2	5	8	7	1	9	4
9	8	7	3	4	1	5	2	6
5	1	4	6	2	9	3	7	8
7	3	1	9	6	4	8	5	2
2	9	6	8	1	5	4	3	7
4	5	8	7	3	2	9	6	1

227

4	3	6	8	9	2	7	1	5
2	5	8	7	4	1	3	9	6
7	1	9	3	5	6	2	4	8
9	8	7	2	3	5	1	6	4
3	6	2	1	8	4	9	5	7
5	4	1	9	6	7	8	3	2
8	2	5	4	1	3	6	7	9
1	7	4	6	2	9	5	8	3
6	9	3	5	7	8	4	2	1

228

8	5	1	3	9	2	7	4	6
9	4	7	8	6	1	5	2	3
3	6	2	5	7	4	1	8	9
6	9	3	2	4	5	8	7	1
7	1	4	6	8	9	3	5	2
5	2	8	1	3	7	6	9	4
2	7	6	4	1	8	9	3	5
1	8	5	9	2	3	4	6	7
4	3	9	7	5	6	2	1	8

229

8	2	9	6	7	1	5	4	3
6	7	3	5	8	4	1	2	9
4	1	5	3	9	2	8	7	6
9	6	8	1	2	3	4	5	7
7	5	2	8	4	6	9	3	1
3	4	1	7	5	9	2	6	8
2	9	7	4	3	8	6	1	5
5	8	6	2	1	7	3	9	4
1	3	4	9	6	5	7	8	2

230

5	1	9	4	8	3	6	7	2
2	6	3	7	9	1	8	4	5
7	4	8	2	5	6	1	3	9
9	2	7	8	6	4	5	1	3
6	3	4	5	1	7	2	9	8
1	8	5	9	3	2	4	6	7
4	5	2	1	7	9	3	8	6
3	7	1	6	2	8	9	5	4
8	9	6	3	4	5	7	2	1

231

4	5	8	1	2	9	6	7	3
1	3	2	5	7	6	8	4	9
7	6	9	8	3	4	2	1	5
9	8	4	3	1	2	7	5	6
5	1	3	6	4	7	9	8	2
2	7	6	9	5	8	1	3	4
6	2	7	4	8	5	3	9	1
8	4	1	2	9	3	5	6	7
3	9	5	7	6	1	4	2	8

232

6	1	9	8	2	5	7	3	4
5	7	8	3	1	4	6	2	9
4	3	2	9	6	7	1	5	8
8	4	7	2	5	3	9	1	6
1	9	3	4	7	6	2	8	5
2	6	5	1	9	8	4	7	3
7	8	1	6	3	9	5	4	2
3	2	6	5	4	1	8	9	7
9	5	4	7	8	2	3	6	1

233

5	9	4	2	1	3	7	8	6
1	6	7	4	9	8	2	5	3
8	3	2	7	5	6	9	4	1
2	5	3	1	6	4	8	7	9
6	8	9	5	7	2	1	3	4
4	7	1	8	3	9	5	6	2
9	4	8	6	2	7	3	1	5
3	1	6	9	8	5	4	2	7
7	2	5	3	4	1	6	9	8

234

1	8	3	2	6	5	4	7	9
5	4	6	8	7	9	2	3	1
7	2	9	4	3	1	5	6	8
8	6	5	7	2	4	9	1	3
2	1	7	9	8	3	6	4	5
9	3	4	5	1	6	8	2	7
4	5	1	3	9	2	7	8	6
6	9	8	1	4	7	3	5	2
3	7	2	6	5	8	1	9	4

235

4	9	2	7	1	5	6	3	8
5	6	3	8	2	4	7	9	1
7	1	8	6	3	9	5	2	4
2	7	4	9	8	6	3	1	5
8	3	1	2	5	7	4	6	9
9	5	6	1	4	3	8	7	2
3	8	7	4	9	1	2	5	6
6	2	9	5	7	8	1	4	3
1	4	5	3	6	2	9	8	7

236

1	6	7	2	4	8	5	3	9
3	4	8	1	9	5	6	7	2
9	5	2	7	6	3	1	8	4
4	2	5	9	8	7	3	1	6
8	1	9	4	3	6	2	5	7
7	3	6	5	1	2	9	4	8
5	8	3	6	2	4	7	9	1
6	7	1	8	5	9	4	2	3
2	9	4	3	7	1	8	6	5

237

5	2	7	1	6	8	4	9	3
8	1	4	9	3	5	7	6	2
9	3	6	2	4	7	5	1	8
4	7	8	3	9	6	2	5	1
3	9	5	8	2	1	6	4	7
1	6	2	5	7	4	3	8	9
6	5	1	7	8	3	9	2	4
7	8	9	4	5	2	1	3	6
2	4	3	6	1	9	8	7	5

238

5	6	3	4	9	7	8	1	2
2	1	9	8	6	5	4	3	7
7	8	4	2	1	3	6	9	5
1	4	2	9	7	6	3	5	8
3	9	8	5	2	1	7	4	6
6	7	5	3	8	4	1	2	9
8	3	6	1	5	2	9	7	4
9	2	1	7	4	8	5	6	3
4	5	7	6	3	9	2	8	1

239

2	7	4	3	8	5	1	6	9
9	3	6	4	1	7	8	2	5
5	8	1	6	9	2	4	7	3
7	1	8	5	3	9	2	4	6
4	5	2	1	7	6	9	3	8
3	6	9	8	2	4	5	1	7
1	2	7	9	6	8	3	5	4
6	9	5	2	4	3	7	8	1
8	4	3	7	5	1	6	9	2

240

5	4	9	8	6	2	3	1	7
7	1	6	4	5	3	2	8	9
8	3	2	9	7	1	6	5	4
6	5	1	7	8	4	9	2	3
4	9	3	2	1	5	8	7	6
2	7	8	3	9	6	1	4	5
3	2	5	1	4	9	7	6	8
9	6	7	5	2	8	4	3	1
1	8	4	6	3	7	5	9	2

241

6	9	3	8	7	2	5	1	4
5	4	7	3	6	1	2	9	8
1	2	8	4	9	5	7	6	3
8	6	2	9	4	7	1	3	5
7	1	4	2	5	3	6	8	9
9	3	5	1	8	6	4	2	7
2	5	9	6	3	4	8	7	1
3	7	1	5	2	8	9	4	6
4	8	6	7	1	9	3	5	2

242

3	9	1	6	5	7	8	2	4
5	7	4	8	2	9	3	6	1
8	2	6	1	3	4	5	7	9
6	1	5	3	9	2	4	8	7
2	8	7	5	4	1	6	9	3
4	3	9	7	8	6	1	5	2
9	4	3	2	6	5	7	1	8
7	5	8	9	1	3	2	4	6
1	6	2	4	7	8	9	3	5

243

6	4	5	3	2	1	9	7	8
9	2	7	5	8	4	1	3	6
3	8	1	7	6	9	2	4	5
2	5	3	4	9	8	7	6	1
4	6	9	1	7	3	8	5	2
1	7	8	2	5	6	4	9	3
8	9	4	6	3	2	5	1	7
5	1	6	8	4	7	3	2	9
7	3	2	9	1	5	6	8	4

244

2	5	4	3	9	8	1	6	7
9	6	1	7	4	5	2	8	3
7	8	3	1	6	2	9	5	4
5	9	2	6	3	4	7	1	8
6	4	7	8	5	1	3	2	9
1	3	8	9	2	7	5	4	6
4	7	5	2	8	3	6	9	1
8	1	6	5	7	9	4	3	2
3	2	9	4	1	6	8	7	5

245

3	9	4	2	8	7	5	1	6
7	6	1	9	3	5	4	8	2
2	5	8	1	4	6	9	7	3
1	4	6	3	7	9	8	2	5
9	2	3	4	5	8	1	6	7
8	7	5	6	2	1	3	4	9
5	8	9	7	6	4	2	3	1
6	1	2	8	9	3	7	5	4
4	3	7	5	1	2	6	9	8

246

2	4	3	8	5	1	9	7	6
1	8	5	6	7	9	4	3	2
7	6	9	4	3	2	1	8	5
3	9	6	5	2	8	7	1	4
8	2	7	9	1	4	6	5	3
5	1	4	7	6	3	8	2	9
6	3	8	1	9	5	2	4	7
9	5	1	2	4	7	3	6	8
4	7	2	3	8	6	5	9	1

247

9	2	1	4	3	5	6	8	7
8	7	5	9	2	6	3	1	4
4	3	6	7	8	1	5	9	2
1	9	3	2	4	7	8	6	5
5	6	4	8	1	3	7	2	9
7	8	2	6	5	9	4	3	1
3	1	8	5	7	2	9	4	6
2	5	9	3	6	4	1	7	8
6	4	7	1	9	8	2	5	3

248

5	1	2	8	9	3	4	6	7
3	8	6	7	4	2	1	5	9
7	9	4	5	1	6	3	8	2
4	7	5	3	2	9	6	1	8
1	2	8	6	5	7	9	3	4
9	6	3	1	8	4	7	2	5
6	5	9	4	3	8	2	7	1
2	3	1	9	7	5	8	4	6
8	4	7	2	6	1	5	9	3

249

5	9	4	2	7	1	6	8	3
6	2	1	8	3	4	9	5	7
7	3	8	6	5	9	2	4	1
1	6	3	7	4	2	5	9	8
4	5	9	1	8	3	7	6	2
8	7	2	9	6	5	3	1	4
3	8	6	5	1	7	4	2	9
9	4	5	3	2	8	1	7	6
2	1	7	4	9	6	8	3	5

250

3	7	6	9	8	5	1	2	4
4	5	9	1	6	2	7	8	3
8	1	2	7	4	3	9	6	5
1	9	3	4	5	8	2	7	6
7	8	4	6	2	1	3	5	9
2	6	5	3	9	7	4	1	8
5	3	8	2	7	4	6	9	1
6	4	7	8	1	9	5	3	2
9	2	1	5	3	6	8	4	7